새로 쓴
원숭이도 이해하는 자본론

세상에서 가장 쉬운 임승수의 마르크스 자본론 강의
새로 쓴 원숭이도 이해하는 자본론
ⓒ임승수, 2016

《원숭이도 이해하는 자본론》
초판 1쇄 2008년 12월 12일 발행
초판 10쇄 2010년 10월 15일 발행
2판 1쇄 2011년 4월 5일 발행
2판 12쇄 2016년 1월 15일 발행

《새로 쓴 원숭이도 이해하는 자본론》
초판 1쇄 2016년 9월 1일 발행
초판 16쇄 2024년 5월 6일 발행

지은이 임승수
펴낸이 김성실
책임편집 박성훈
표지 석운디자인
제작 한영문화사

펴낸곳 시대의창   **등록** 제10-1756호(1999. 5. 11)
주소 03985 서울시 마포구 연희로 19-1
전화 02)335-6121   **팩스** 02)325-5607
전자우편 sidaebooks@daum.net
페이스북 www.facebook.com/sidaebooks
트위터 @sidaebooks

ISBN 978-89-5940-618-0 (03300)

잘못된 책은 구입하신 곳에서 바꾸어드립니다.

새로 쓴

원숭이도 이해하는 자본론

세상에서 가장 쉬운
임승수의 마르크스 자본론 강의

임승수 지음

시대의창

들어가는 글

마르크스《자본론》. 이 단어를 본 사람들의 반응은 어떨까?

반응1: "사회주의, 공산주의 얘기에는 관심 없다."
반응2: "요즘 같은 시대에 누가 그런 시대에 뒤떨어진 책을 보나?"
반응3: "관심은 있는데 분량도 많고 너무 어려워서 읽을 엄두가 나지 않는다."

　다양한 반응이 나올 수 있겠지만 대체로 이 세 범주를 벗어나지는 않는다. 책의 본문에서 자세히 다루겠지만 우선은 '오해'를 풀어야 할 것 같다.

반응1과 같은 오해

우선 마르크스가 쓴 책의 제목이 '자본론資本論'이라는 점을 기억하자. 마르크스가 이 책에서 연구한 것은 사회주의도 공산주의도 아닌 '자본주의資本主義'다. 엄청난 분량의 이 책은 처음부터 끝까지 자본주의가 어떤 식으로 돌아가는지를 서술하고 있다. 사회주의와 공산주의에 대한 내용은 눈 씻고 보아도 찾을 수 없다. 사실 당연하다. 마르크스가 살던 시대에는 사회주의가 실제로 구현된 적이 없기 때문이다. 마르크스는 영국에서 자본주의가 탄생하고 성장해가는 과정을 보며, 그 현실을 과학적으로 분석했다. 사회주의와 공산주의에 관심 없어서 《자본론》에도 관심 없다는 것은, 마치 불교에 관심 없기 때문에 성경을 읽지 않는다는 말과도 같다.

반응2와 같은 오해

《자본론》은 총 세 권으로, 1권이 1867년에 간행되었으니 지금으로부터 150년 정도 전에 나온 책이다. 이 탓에 시대에 뒤떨어졌다고 여길지도 모르겠다. 그런데 150년 전에 나온 이 책이 2008년 4월 《교수신문》에서 교수와 지식인 103명을 대상으로 조사한 '해방 이후 한국 사회에 가장 큰 영향을 끼친 책'에서 압도적인 1위를 차지했다. 《자본론》보다 더 시대에 '뒤떨어진' 고전들, 예를 들어 셰익스피어의 작품이나 《삼국지》, 《삼국유사》, 《아라비안나이트》

등도 여전히 수많은 사람이 즐겨 읽는다. 하물며 자본주의 사회에서 살아가는 우리가 자본주의를 통찰력 있게 분석한 마르크스의 《자본론》을 단지 150년 전에 출간된 책이라는 이유만으로 시대에 뒤떨어졌다고 폄하할 근거는 어디에도 없다.

반응3은 오해가 아니다

솔직히 《자본론》을 처음 접하면, 전 세 권으로 이루어진 엄청난 분량과 생소한 단어, 난해한 문장 탓에 어느 누구라도 주눅 들게 마련이다. 용기를 내 《자본론》을 읽기 시작한 사람들도 대부분 제 1편 〈상품과 화폐〉 부분에서 좌절하고 책을 덮는다. 고등학교 때 큰맘 먹고 어려운 학습 참고서를 구입해 공부했지만, 결국 책 앞부분만 새까맣게 되는 상황과 흡사하다.

이 책은 반응3의 문제를 해결하기 위해서 썼다. 마르크스 《자본론》에 담긴 핵심 내용을 뽑아서 이해하기 쉬운 대화체의 글로 재구성한 것이다. 이 책에도 군데군데 수식이 나오지만 크게 염려할 필요는 없다. 사칙연산이 계산의 전부인 데다 그마저 필자가 직접 풀어놓았다. 바쁜 일상을 쪼개어 이 책을 조금씩 나누어 읽더라도 일주일이면 마르크스 《자본론》의 핵심 내용을 이해할 수 있을 것이다. 열정과 의지가 있다면 하루 만에 완독하는 것도 가능하다.

물론 이 책이 《자본론》세 권의 방대한 내용을 빠짐없이 다루지는 않는다. 책을 읽고 난 다음 더 관심이 생긴다면 《자본론》을 직접 읽어볼 것을 권한다. 아마도 한결 쉽고 재미있게 읽을 수 있을 것이다. 이 책에는 《자본론》의 내용만을 담지는 않았다. 더 쉽게 이해할 수 있도록 원서의 맥락에서 크게 어긋나지 않는 범위에서 필자의 견해를 첨언했다. 《자본론》 내용을 더욱 생생하게 전달하기 위함이니 너그러이 양해해주시길 바란다.

인연이 닿아 2013년 1학기부터 경희대학교에서 마르크스의 사상을 가르치는 '자본주의 똑바로 알기'라는 2학점짜리 교양 강의를 했다. 요즘 같은 세상에 마르크스주의를 가르치는 교양 강의를 수강할 학생이 있을까 싶었는데, 수강 정원 30명으로 소박하게 시작한 이 강의는 2016년 1학기 현재 대형 강의실에서 200명이 넘는 학생이 들을 정도로 인기를 얻었다. 학생들이 제출한 수업 과제물을 읽을 때마다 소름이 돋았다. 마르크스의 자본주의 분석을 처음 접한 학생들이 받은 충격을 필자 역시 날것 그대로 접했기 때문이다.

마르크스 사상을 학생들에게 가르치며 한 가지를 확신하게 됐다. 마르크스 사상에 결여된 것은 '시의성'이 아니라 '접촉면'이라는 점이다. 수업을 진행하며 체험하는 학생들의 의식 변화는 가르치는 필자가 당황스러울 정도였다. 자본주의 사회의 모순이 갈수록 심화되는 시기에 그 어떤 이론보다 자본주의를 예리하게 분석한 마르크스 사상이 시의성이 부족할 이유가 있겠는가. 그럼에도 이념 대립으로 민족 분단의 아픔을 겪고 있는 이 땅에서는 정규교과 과정으로 마르크스 사상을 왜곡과 악마화 없이 있는 그대로 접할 기회가 없다. 2005년 영국 BBC에서는 설문조사를 했다. 전문가들에게 세계에서 가장 유명하고 영향력 있는 사상가를 뽑아달라고 했는데, 마르크스가 1위였다. 그럼에도 대한민국에서 마르크스 사상에 대한 접촉면은 너무나 협소하다. 《새로 쓴 원숭이도 이해하는 자본론》이 부족하나마 한국사회에서 마르크스 사상의 대중적 접촉면 역할을 하길 바란다.

이 책은 2008년에 출간된 필자의 졸저 《원숭이도 이해하는 자본론》을 처음부터 끝까지 완전히 새로 고쳐 쓴 책이다. 여러 면에서 미흡하고 부족한 책임에도 그동안 독자들의 과분한 관심과 애정을 받아 독자들께 늘 부채감을 느끼고 있었다. 이에 보답하는 마음으로 첫 장부터 마지막 장까지 구석구석 수정하고 보완해 가독성과 완성도를 획기적으로 높였다. 8년이라는 시간이 흐른 만큼 변화된 상황에 맞게 내용을 다듬었고, 그동안 글을 쓰고 강의를 하며 축적된 경험을 내용에 대폭 반영했다. 내용부터 편집, 디자인까지 완전히 달라진 '새로운 책'이라고 자신 있게 말씀드린다.

유튜브에서 '임승수'를 검색하면 필자의 《자본론》 동영상 강의를 쉽게 찾을 수 있다. 《자본론》의 핵심 내용인 잉여가치론을 유도하는 과정을 상세하게 풀어 설명한 강의인데, 책을 읽을 때 참고한다면 내용을 이해하는 데에 큰 도움이 될 것이다.

심각한 경제 불황과 빈부 격차, 실업 문제로 자본주의가 위기로 치닫는 엄중한 시기에, 이 책이 자본주의의 본질을 이해하고 새로운 대안을 고민하는 데 조그만 도움이 된다면 더 이상 바랄 것이 없겠다.

씨를 뿌리는 농부의 마음으로

임승수

차례

자본론,
왜 공부해야 하죠?

강사… 안녕하세요. 만나서 반갑습니다. 200명이 넘게 듣는 강의라서 일일이 출석을 부를 수 없는 점 양해해주세요. 요즘 같은 세상에 카를 마르크스Karl Marx, 1818~1883의 《자본론Das Kapital》 강의를 신청한 학생이 이렇게 많다는 것이 한편으로는 놀랍고 신기하네요. 특히나 경제학과와 경영학과 학생이 많은 점이 인상적입니다. 왜 이 강의를 신청했는지 이유를 한번 들어보고 싶은데요, 얘기해볼 학생 있나요?

학생… 저는 경제학과 학생입니다. 학과에서는 주류 경제학만 배웁니다. 그래서 자본주의를 좀 다른 시각에서 보고 싶었어요. 이 수업을 들었던 선배가 강의 내용이 너무 충격적이어서 자본주의를 보는 관점이 완전히 바뀌었다고 얘기하더군요. 그리고… 솔직하게 얘기하자면, 시험이 없고 과제물만 내면 된다기에….

학생… 저는 사회학과 학생인데요. 전공 강의를 듣다 보면 '마르크스'라는 이름이 많이 나옵니다. 그런데 막상 마르크스에 대해 아는 것이 별로 없다는 것을 깨달았어요. 마침 이 강의가 있어서 신청했습니다.

강사… 그렇군요. 제가 이 강의를 해오면서 의외라고 생각한 점이 있습니다. 마르크스의 《자본론》하면, 주로 운동권 학생들이 수강 신청할 거라고 생각했죠. 그런데 생각보다 많지 않았어요. 사실 요즘 운동권 학생이 많지 않다 보니 그런 것 같기도 하고….

학생… 교수님! 전 운동권입니다. 그렇게 말씀하시면 너무 섭섭합니다. 어제도 집회에 나갔는데….
　　제 생각에 자본주의 사회는 문제가 매우 많습니다. 엄청난 빈부 격차와 환경 파괴, 돈이 전부라고 생각하는 물질만능주의 등 이루 헤아릴 수 없을 정도예요. 마르크스가 《자본론》에서 자본주의 사회를 굉장히 논리적이고 과학적으로 분석했다고 들었습니다. 저는 그래서 신청했습니다.

내용도 모르면서 자본론을 비판하다

강사… 이런! 미안합니다. 아무튼, 다양한 이유로 이 강의를 신청했군요. 학생들이야 어떤 이유에서든 관심이 있어서 이 자리에 있겠지만, 사실 사람들 대부분은 마르크스 《자본론》이 시대에 뒤떨어졌다고 핀잔을 놓죠. 그런데 재미있는 점이 뭔지 아세요? 거꾸로 《자본론》이 무슨 내용이냐고 물어보면 잘 몰라요. 정작 내용도 모르면서 시대에 뒤떨어졌다며 단정적으로 비판하죠.

학생… 마르크스의 이미지 탓에 사회주의와 공산주의를 얘기하는 책이라고 여기는 것 같아요. 현실에서는 자본주의가 대세고 사회주의나 공산주의는 비현실적이자 실패했다고 생각하니까요.

강사… 그렇죠. 하지만 어이없게도 《자본론》은 사회주의나 공산주의를 다룬 책이 아닙니다. 바로 우리가 속한 '자본주의'라는 사회 시스템을 체계적이고 과학적으로 분석한 책이죠. 마르크스의 날카로운 분석 덕분에 명성을 얻은 책입니다. 그런데 많은 사람이 '자본론'이라는 말에서 사회주의와 공산주의를 떠올리며 지레짐작으로 시대에 뒤떨어졌다고 단정합니다.

학생… 맞아요. 제가 이 강의를 듣는다고 하니까 동기 하나가 "왜 그런 강의를 들어? 너 빨갱이, 운동권 됐냐?"라고 하더라고요. 공대라 그런지 동기들은 특히 이런 쪽에 관심이 없어요. 대부분 취업이나 창업에만 관심이 있지 사회문제에는 신경 쓰지 않거든요. 그런데 교수님도 공대 출신으로 알고 있어요.

강사… 맞아요. 저도 공대를 나왔어요. 그래서인지 이공계 학생이 수강 신청을 하면 더 반갑더군요. 여기 모인 학생들은 다양한 이유로 수강 신청을 했지만, 한 가지는 확실한 것 같습니다. 만약 우리가 살고 있는 자본주의 세상이 문제없이 돌아간다면 이렇게 많은 학생이 수강 신청할 일은 없었을 것입니다.

현실은 어떤가요? 날이 갈수록 빈부 격차가 커지고 있죠. 비정규직의 폐해가 사회적으로 큰 이슈가 되고 있음에도 기업들은 그 규모를 더 늘리려 하고 있고요. 수많은 젊은이가 대학을 졸업하고도 직장을 구하지 못하고 있습니다. 물신주의가 팽배해 돈 때문에 살인까지 저지르죠. 환경 파괴와 산업재해도 자세히 들여다보면 기업이 이윤을 늘리기 위해서 폐수 정화 설비를 설치하지 않거나 안전장치를 사용하지 않아서 일어납니다.

그런데 이런 문제가 사회에서 그저 자연스럽게 발생하는 일이라고 여기는 사람이 많습니다.

학생… 제도권 교육에서도 그런 심각한 문제를 진지하게 다루지 않습니다. 경제학과 수업을 들어보면, 시장이 '수요와 공급'의 균형점에서 일시적으로 '살짝' 벗어나 있기 때문이라고 해요. 시장의 보이지 않는 손에 맡기면 문제는 조만간 자연스럽게 해결된다면서 그저 미적분 수식만 풀죠.

그런데 빈부 격차, 비정규직, 환경 파괴, 산업재해, 전쟁, 기아같은 문제가 시장이 균형점에서 살짝 벗어나 발생한다는 말을 도대체 어떻게 받아들여야 할까요? 이런 삭막한 현실을 제대로 설명해주는 경제학 수식을 저는 본 기억이 없어요.

학생… 국가는 하는 일이 없는 것 같아요. 선거 때 투표하면 뭐합니까? 그런 문제는 하나도 해결하지 못하는 걸요.

왜 지금 자본론을 알아야 할까

강사… 현실이 정말 답답하죠. 누군가가 "왜 지금 마르크스의《자본론》을 알아야 하는가"라고 묻는다면, 저는 눈을 들어 세상을 보라고 얘기합니다. 저 자본주의 세상이 아름다워 보이냐고. 만약 아름다워 보인다면 굳이《자본론》을 공부할 필요가 없습니다. 지금까지 살던 대로 살면 되겠죠. 그런데 자본주의 사회에 살면서 일어나는 수많은 문제를 보면서 가슴이 아프고 답답해 문제의 원인이 무엇인지 알고 싶다면, 여러분은 《자본론》을 공부할 준비가 된 것입니다.

학생… 《자본론》을 이해하면 문제의 원인을 정말 알 수 있나요? 워낙 유명한 고전이니 그 내용에 관심이 있기는 하지만, 솔직히 크게 기대하지는 않아요. 수많은 사람이 아직까지도 해결하지 못한 문제인데, 150년 전에 나온 책에 그 원인이 제대로 분석되어 있을까요?

강사… 문제의 원인을 알 수 있는지 없는지는 강의를 들어보면 알게 될 겁니다. 그저 좋은 고전을 읽는다는 생각으로 강의를 들어도 괜찮습니다.

　서론이 너무 길었군요. 그럼 본격적으로 강의를 시작할까요?

학생들… 네에!

자본주의란 무엇일까

강사… 우리는 자본주의 사회에서 살고 있습니다. 그런데 한번 차분하게 생각해봅시다. 과연 자본주의 사회란 어떤 사회를 일컫는 말일까요? 지금부터 20초 정도 시간을 줄 테니 노트에 학생들 나름대로 정의를 내려보기 바랍니다.

(시간이 지난 후) 자, 노트를 뜯어서 앞으로 전해주세요. 뭐라고들 썼는지 보죠.

> 시장경제로 돌아가는 사회
> 자유민주주의 사회
> 돈이 중심인 사회
> 약육강식의 사회
> 노동자를 착취하는 사회
> 돈 있는 사람이 행복한 사회
> 돈 없는 사람은 서러운 사회
> 부익부 빈익빈의 사회
> 기술이 발달한 산업사회
> 돈으로 가치를 계산하는 사회
> 모든 물건을 상품으로 만드는 사회
> 자본가와 노동자로 이루어진 사회

강사… 자본주의 사회를 학생들 나름대로 정의해보니 어떤가요? 자신이 생각보다 뜬구름 잡듯 자본주의를 이해하고 있다는 걸 느끼지 않았나요?

자본주의 사회가 도대체 어떤 사회인지 명확하게 이해하려면 역사상 존재했던 다른 형태의 사회들과 비교할 필요가 있습니다. 예컨대 우리는 역사 시간에 이런 형태의 사회들을 배웠습니다.

> 원시공산주의, 노예제, 봉건제,
> 자본주의, 사회주의, 공산주의 사회

그러면 사회형태를 구분하는 기준이 과연 무엇일까요?

학생… 그러고 보니 기준은 전혀 생각도 못 했습니다. 음… 사람의 신분이 변하는 것인가요? 노예가 됐다가 농노가 됐다가 시민이 되는…. 잘 모르겠습니다.

강사… 기죽을 필요 없습니다. '신분'은 정확하지는 않지만 꽤 괜찮은 답이었어요. 핵심에 꽤 근접해서 오히려 놀랐네요. 먼저 답부터 얘기하겠습니다. 앞서 언급한 사회형태를 구분하는 기준은 바로 **생산관계**입니다. 용어가 좀 생소하죠? 차근차근 알아보죠.

사람은 생존하기 위해 먹어야 합니다. 그뿐 아니라 옷도 입어야 하고 집도 있어야 합니다. 현대 사회에서는 기본적인 생활필수품 외에 텔레비전, 휴대폰, 세탁기, 의료기구, 자동차 등 수많은 재화가 필요하죠. 그런데 우리의 삶에 필요한 재화가 하늘에서 뚝 떨어지거나 땅에서 불쑥 솟아나지는 않아요. 누군가가 노동을 해서 만들어지죠.

이런 점에서 사람이 사회를 이뤄 생존하고 생활하는 데는 **노동**이 필수이자 근본입니다. 수많은 사람이 사회 구성원으로서 생산 활동에 참여해 노동을 하죠. 이때 사람과 사람 사이에 맺는 관계, 즉 생산관계가 사회형태마다 크게 차이 납니다.

생산관계는 사회형태를 구분하는 기준

강사… 예컨대 노예제 사회에서는 생산 활동에 참여하는 사람들이 노예와 노예주라는 신분으로 관계를 맺습니다. 노예제 사회의 생산관계는 '노예—노예주 관계'인 셈이죠. 노예는 가격이 매겨져서 노예주에게 물건처럼 사고팔립니다. 노예주의 지시에 따라 짐승이나 기계처럼 부려지며 일합니다. 노예주는 지위 덕분에 노예가 열심히 일한 성과물을 모두 자기 것으로 삼습니다. 노예제 사회에서는 노예를 부리면서 부를 축적한 노예주가 사회를 지배하는 세력, 즉 지배계급이 되죠.

노예주─노예: 노예제 사회의 생산관계

그럼, 봉건제 사회는 어떨까요? 중세 서양에서는 봉건영주가 장원이라고 불리는 대토지를 소유하고, 장원에 속한 농노가 토지를 대여해 생계를 유지했습니다. 농노는 소규모의 땅(탁영지託領地)을 경작해 자신과 가족의 생계를 유지했지만, 토지 소유권이 없었기 때문에 토지를 임의로 처분할 수 없었죠. 또 일주일에 3일은 탁영지에서 일했지만, 나머지 3일은 영주가 직접 관리하는 직영지直領地에서 일했습니다. 기독교를 믿었으니 일주일에 하루는 안식일이라는 명목으로 쉬었고요.

농노들 입장에서는 탁영지에서 일하는 것과 직영지에서 일하는 것이 완전히 다릅니다. 직영지 일은 농노 자신의 생활에 도움이 안 되기 때문이죠. 반면 영주는 직영지에 농노를 동원해 부역을 시켜 재산을 축적합니다. 봉건제 사회에서는 토지를 소유한 영주가 지배계급이 되겠죠. 그래서 이런 생산관계가 형성됩니다.

영주─농노: 봉건제 사회의 생산관계

자본주의 사회에는 어떤 생산관계가 존재할까요? 자본주의 사회에서는 사람들이 자신의 노동력을 누군가에게 '판매'해서 그 누군가, 즉 **자본가**가 시키는 일을 하면서 삽니다. 그들을 **노동자**라고 부르죠. 자본가는 노동자와는 달리 사업을 할 종자돈, 즉 '자본금'이 있습니다. 그 돈으로 땅도 사고 공장도 짓고 기계도 들여오고 노동할 사람도 고용하죠. 공장에서 생산된 상품을 시장에 내다 팔아 이윤을 남겨 회사 규모를 키웁니다. 노동자는 자본가에게 정기적으로 임금을 받죠.

이렇듯 자본주의 사회에서는 '자본가—노동자의 관계'를 통해 생산 활동이 이루어집니다. 이것을 **자본주의적 생산관계**라고 부릅니다. 덧붙이자면, 자본주의 사회에서 사람들은 대부분 노동력을 팔아 삶을 영위합니다. 일자리를 얻지 못한 사람은 매우 어려운 상황에 놓이게 되죠. 그래서 노동자는 자본가와의 관계에서 상대적으로 약자일 수밖에 없습니다.

자본가—노동자: 자본주의 사회의 생산관계

생산 활동을 할 때 사람과 사람이 노동자—자본가의 관계를 맺는 사회, 바로 그런 사회를 우리는 자본주의 사회라고 부릅니다.

이제 대략 감 잡았죠? 물론 자본주의 사회의 생산관계를 노동자—자본가로 특징짓기에는 자본주의 사회의 구조가 대단히 복잡하고 다양한 것도 사실입니다. 그렇지만 어떤 사회를 자본주의 사회라고 말한다면, 그 사회의 생산관계는 노동자—자본가의 관계가 주축임을 전제합니다.

학생… 교수님! 자본주의 사회라고 해서 노동자—자본가의 생산관계만 존재하는 것은 아니잖아요? 제가 듣기로 중남미 쪽에는 농장에서 노예노동을 하는 곳이 여전히 있다고 합니다. 그렇다면 그곳에는 자본주의 생산관계도 존재하고 동시에 노예제 생산관계도 존재한다고 볼 수 있지 않을까요?

사회형태와 근로대중의 처지

강사… 좋은 질문이네요. 사실 우리나라에서도 가끔 뉴스에 어릴 때부터 노예노동을 했다는 기구한 사람의 이야기가 나오기도 하죠. 물론 흔하지 않은, 무척 드문 일이지만요. 바로 이 '드물다'라는 점이 중요합니다.

한 사회에 여러 생산관계가 동시에 존재할 수 있어요. 예를 들어서 우리나라는 일제로부터 해방된 후 자본주의 사회로 성장하는 상당 기간 동안 지주—소작 관계, 그러니까 일종의 봉건적 생산관계가 있었죠. 그렇다고 당시 우리나라를 봉건제 사회라고 부르지는 않았습니다.

사회형태를 규정할 때는 그 사회의 **지배적 생산관계**가 무엇인가를 파악하는 것이 중요합니다. 지금 우리 사회는 자본주의적 생산관계가 지배적이기 때문에 자본주의 사회인 것이죠.

그런데 생산관계를 얘기할 때 한 가지 꼭 짚어야 할 대목이 있습니다. 여러 사회에서 땀 흘려 일하는 사람들, 즉 노예, 농노, 노동자 등 여러 이름으로 불린 **근로대중**이 과거에 어떻게 취급받았고, 현재에는 어떤 상황에 처해 있는가 하는 점입니다.

노예제 사회에서는 근로대중이 노예로서 인간 이하의 취급을 당했습니다. 노예주는 노예를 물건처럼 거래했죠. 채찍 등으로 때리면서 노예에게 강제로 노동을 시키면서도, 근로 능력 유지에 필요한 최소한의 필수품만 제공했죠. 노예가 노동한 결과물 모두는 오로지 노예주의 소유가 되었고요. 성품이 좋은 노예주는 그나마 상대적으로 노예를 잘 보살펴주었을지도 모르겠지만, 그렇다고 본질이 달라지지는 않습니다.

여러분께 묻겠습니다. 노예제 사회에서는 누가 부자였을까요? 노예일까요? 노예주일까요?

학생… 노예주죠. 너무 당연한 것 아닌가요? 노예가 열심히 일한 결과물을 노예주가 다 가져가는데요.

강사… 그렇죠. 질문이 너무 허망했나요? 예를 들어 지금 강의를 듣는 학생 200명이 전부 저의 노예라고 칩시다. 그러면 저는 돈 벌기 무척 쉬울 거예요. 여러분을 모두 편의점에 취업시켜서 일당 50,000원을 꼬박꼬박 제게 입금하도록 지시하면, 도대체 하루에 얼마를 버는 거죠? 200명에 50,000원을 곱하면 무려 1,000만 원이군요. 저는 날마다 꼬박꼬박 1,000만 원을 버니 부자가 되고 여러분은 열심히 일한 몫을 저에게 다 빼앗기니 가난해지겠죠.

그렇다면 노예제 사회에서 발생하는 빈부 격차는 개인의 능력의 차이 때문일까요? 사회구조 때문일까요?

학생… 당연히 사회구조의 문제죠. 사회가 노예와 노예주로 나뉘었기 때문에 빈부 격차가 발생하니까요.

강사… 그렇죠. 사회구조의 문제죠. 능력 차이 때문이 아닙니다. 솔직히 미국이라는 나라가 짧은 시기에 부국이 된 것도 흑인 노예 덕분이죠. 저는 어릴 때 교회에 다녔는데요, 설교 시간에 이런 얘기를 들었어요. 청교도가 미국으로 이주해서 신앙생활을 열심히 하며 청빈하게 살아서 미국이 부유해졌다고. 지금 생각해보면, 그런 얘기를 진지하게 들었던 제가 무척 순진했구나 싶어요. 미국 남부의 백인 농장주가 흑인 노예를 대규모로 가혹하게 부릴수록 빠르게 부를 축적했겠죠. 그런데 미국 역사도 주로 백인이 기술하다 보니 미국이 자본을 축적할 수 있었던 밑바탕에는 흑인 노예의 희생과 백인의 착취가 있었다는 사실을 제대로 다루지 않아요.

그럼, 봉건제 사회에서 근로대중이었던 농노의 삶은 어떤가요? 노예보다는 상황이 좀 나았을지도 모르겠습니다. 농노는 노예처럼 사고 팔리지 않았으며, 장원 안에는 자신이 직접 농사를 짓고 산출물을 처분할 수 있는 탁영지가 있었습니다. 그렇지만 이들 역시 구조적 착취에서 자유롭지 못했죠.

농노는 일주일에 6일을 일하는데, 3일은 자신의 탁영지에서 나머지 3일은 영주의 직영지에서 일합니다. 농노는 자신의 텃밭에서 일할 때와 영주의 땅에서 일할 때가 매우 다르다는 것을 알았을 겁니다. 자신의 텃밭에서 나오는 산출물은 자기 것이지만, 영주의 땅에서 일한 성과물은 영주의 것이기 때문이죠. 다시 편의점 비유를 들자면, 일당 50,000원 가운데 저한테 25,000원 입금하고 남은 25,000원만 여러분이 갖는 것과 비슷하죠. 학생 200명한테 꼬박꼬박 25,000원씩 받으니 저는 당연히 부자가 되겠죠? 반면 여러분의 삶은 매우 어렵겠고요. 이것이 봉건제 사회의 착취 구조입니다. 이런 이유로 봉건제 사회 역시 빈부 격차가 무척 심했습니다.

그러면 우리가 살고 있는 자본주의 사회는 어떨까요? 자본주의 사회에서 근로대중의 삶은 노예나 농노와는 비교할 수 없을 정도로 자유로워졌습니다. 법적으로 자본가와 노동자는 동등한 인격체입니다. 각자 자유롭게 경제활동을 하면서 그에 해당하는 소득을 얻으니 공평해 보이죠. 그럼에도 빈부 격차는 어마어마합니다. 재벌과 비정규직 노동자의 격차를 보면 노예와 노예주의 격차나 농노와 영주의 격차가 하찮게 보일 지경이니까요.

그렇다면 자본주의 사회도 이전 사회들처럼 착취가 일어나는 사회는 아닐까요? 열심히 일해도 먹고 살기 힘든 다수가 한쪽에 있고, 십만 배 더 일하는 것도 아닌데 십만 배 이상 부를 소유한 특별한 소수가 존재하는 사회에서 이런 의구심이 드는 것은 무척 자연스러운 일입니다.

그런데 막상 누군가가 자본주의 사회에도 노예제나 봉건제 사회와 같은 **착취**가 존재하느냐고 묻는다면 답이 궁해집니다. 노예제 사회나 봉건제 사회는 착취 구조가 눈에 확연하게 보이죠. 노예주나 봉건영주의 재산 대부분은 노예나 농노의 노동 결과물을 빼앗은 것이니까요. 반면 노동자와 자본가의 관계를 관찰해보아도 착취가 존재하는지 그렇지 않은지 명확하게 드러나지 않습니다. 형식적으로 노동자는 직장에 가서 한 달 동안 일하고 노동의 대가라는 명목으로 월급을 받습니다. 월급이 너무 적다면 '뭐, 나의 가치가 이 정도인가?'라는 자괴감은 들겠지만요.

자본주의 사회는 과연 착취사회일까

강사··· 자, 집중해주세요! 중요한 얘기를 하겠습니다. 앞으로 할 강의에서는 자본주의 사회가 노예제 사회나 봉건제 사회 같은 착취 사회인지 아닌지를 숫자로 풀어서 증명하겠습니다.

학생··· 아니, 그런 게 숫자로 풀어서 증명이 되나요? 그런 걸 계산할 수 있다면 정말 신기할 것 같은데요?

강사··· 네. 숫자로 풀어서 증명할 수 있습니다. 그래서 더욱 충격적이죠. 물론 마르크스의 계산 과정이 타당한지 그렇지 않은지는 사람마다 의견이 다를 수 있지만요.

학생··· 교수님 강의를 쭉 들으니, 이 수업에서 제가 무엇을 얻어야 할지 좀 더 명확해집니다. 그나저나 정말 궁금해요. 정말 자본주의 사회에도 착취가 존재할까요? 만약 존재한다면 자본가가 소유한 부는 노동자가 땀 흘려 일한 성과를 빼앗은 것이 되는 거잖아요? 가볍게 볼 문제가 아닌 것 같아요.

학생… 옷 만드는 기업의 노동자들이 노조를 만들어 투쟁한다는 소식을 뉴스로 접한 적이 있어요. 한 노동자가 말하기를, 자신이 매일매일 여러 벌씩 만드는 고급 옷을 정작 자신은 몇 달치 월급으로도 살 수가 없다고 하더라고요. 그 말을 들으니 기가 막히더군요. 자신이 매일 몇 벌씩 만드는 옷인데…. 그때부터 저는 자본주의 사회에도 분명 착취가 있다고 생각했어요.

학생… 경제학과 수업에서는 노동자가 받는 임금 역시 노동시장에서 수요와 공급이 균형점을 이루며 결정된다고 배웁니다. 이 수업을 들으니 머리가 좀 혼란스럽네요. 어쨌든 앞으로 나올 내용이 무척 궁금하고 기대됩니다.

강사… 학생들이 관심을 보이니 힘이 나네요. 다음 시간부터 《자본론》 내용을 본격적으로 다룹니다. 강의 빼먹지 말고 꼭 오세요.

생각해보기

· 사회형태를 나누는 기준은 무엇인가요?

· 착취란 무엇이며, 각 사회마다 어떤 방식으로 이루어지나요?

· 자본주의 사회는 과연 착취 사회일까요?

자본주의는
모든 것을 상품으로
만들어버려요

강사··· 지난 시간에는 우리가 《자본론》을 왜 공부해야 하는지를 얘기했습니다. 《자본론》은 내용이 어렵다 보니 목표가 뚜렷하지 않으면 공부하다가 금방 지치게 됩니다. 중간에 떨어져 나가는 사람을 제 주변에서 많이 보았거든요. 여러분 중에서도 그런 경험을 한 학생이 있나요?

학생··· 저는 토목공학을 전공하는데요, 단순 무식하다고 욕먹는 공대생이지만 사회과학은 알아야 할 것 같아서 마음 맞는 친구들을 모아 독서 모임을 꾸렸습니다. 지난 학기에 《자본론》 강독을 시도했는데요, 첫 시간에 열다섯 명이 모여서 의욕적으로 시작했어요. 그런데 회를 거듭할수록 참석자가 기하급수적으로 감소하더니, 결국에는 저 혼자만 남게 되어 모임을 중도에 접었어요.

학생… 저는 혼자 읽어보았는데요. 처음부터 사람 기를 완전히 죽이더라고요. 무슨 상품이랑 가치 얘기가 계속 나오는데 재미도 없고 도저히 이해가 안 돼서…. 지금은 책꽂이에 꽂아두고 '관상'용으로 활용하고 있습니다.

강사… 〈상품과 화폐〉 부분을 얘기하는 것 맞죠? 《자본론》은 앞에 나오는 내용이 뒤에 나올 내용의 토대가 되기 때문에, 탑을 쌓듯 차근차근 이해하지 않고 내용을 건너뛰면 금세 한계를 느껴 포기하게 됩니다. 질량, 속도, 힘 같은 개념을 확실하게 공부하지 않으면 뉴턴역학을 제대로 이해할 수 없는 것처럼 말이죠. 이번 시간에 우리가 다룰 부분이 마침 '상품과 화폐'입니다.

학생… 아, 마음을 단단히 먹어야겠네요. 눈 크게 뜨고!

강사… 초장부터 제가 학생들에게 겁주는 것 같네요. 사실 《자본론》 원문에도 〈상품과 화폐〉 부분에는 추상적인 개념도 많고 설명도 좀 장황한 측면이 있습니다. 뜬구름을 잡는 것 같아 개념이 머리에 잘 안 들어오죠. 오늘은 그중 핵심적인 내용만 뽑아서 얘기할 테니 마음 놓기 바랍니다.

상품은 자본주의 연구의 출발점

강사… 그러면 본격적으로 수업에 들어가죠. 자본주의는 자본가-노동자 관계, 즉 자본주의적 생산관계가 주요한 특징입니다. 기억 나시죠?

첫 강의 때 자본주의 사회에도 그 이전의 노예제 사회나 봉건제 사회와 같은 착취가 존재하지 않을까 하는 의문을 제기해보았습니다. 그런데 자본주의 사회가 착취 사회인지 아닌지를 분석하기 위해서는 과연 무엇부터 해야 할까요?

노예제 사회나 봉건제 사회에서는 지배계급의 피지배계급 착취가 확연하게 드러납니다. 노예주나 영주는 신분제 권력을 통해 노예나 농노의 노동 결과물을 빼앗아 부를 축적했기 때문이죠. 그런데 자본주의 사회에서 노동자는 어쨌든 법적으로 자본가와 동등한 인격체입니다. 노예나 농노와는 다르게 노동자는 구직 활동을 할 자유도 있습니다. 꼭 특정 회사에 구속되어 그 회사에서만 일할 이유가 없죠. 노동자는 자신의 노동력을 삼성, 엘지, 현대, 에스케이, 국민은행 등 어디에나 자유롭게 판매할 수 있습니다. 다만 그쪽에서 안 사줘서 문제지만요.

학생들… 하하하! 맞아요.

강사… 자본주의적 생산관계에서 노동자는 자본가에게 노동력을 제공하고, 반대급부로 자본가는 노동자에게 임금을 지불하는 양자 간의 계약관계가 성립합니다. 계약 당사자의 자유의지로 성립하는 계약이죠. 일자리를 구하지 못해서 고통받는 청년 실업자의 고통도, 제도권 경제학에서 보면, 자신의 자유의지로 선택한 것이 되죠. 적당한 곳에 취직해서 일하면 될 것을 '배가 불러서' 조건을 따지며 실업을 선택했다고 보는 거죠.

아무튼 자본가와 노동자 사이의 계약관계에 따라 경제활동이 이루어지면서 엄청난 빈부 격차가 생깁니다. 자본가에게 고용된 노동자가 공장에서 컴퓨터, 휴대폰, 빵, 만년필, 자동차 등 다양한 물건을 만들어내고 있습니다. 자본가는 그 물건을 시장에 내다팔아서 돈을 벌죠. 노동자에게 임금을 주고 남은 돈은 자본가 자신의 몫으로 챙깁니다.

일반적으로 자본가가 벌어들이는 이윤은 노동자가 받는 임금보다는 훨씬 많습니다. 그렇다고 자본가가 노동자에게 주기로 약속한 임금을 떼어먹은 것은 아니죠. 자본주의 사회에서는 이러한 과정이 일상적으로 끊임없이 반복됩니다.

그렇다면 과연 자본주의 사회의 착취의 비밀을 밝힐 단서가 어디에 숨어 있을까요?

학생··· 수업 시작할 때 《자본론》의 도입부가 상품과 화폐에 대한 내용이라고 잠깐 언급하셨는데요, 마르크스가 책 내용을 그렇게 시작했다는 것은 '상품'에 그 단서가 있기 때문이 아닐까 싶어요. 공장에서 노동자가 만드는 컴퓨터, 휴대폰, 빵, 만년필, 자동차 등도 결국 다 상품이잖아요. 자신이 쓰려고 만든 게 아니라 판매하려고 만들었으니까요. 자본주의 사회에서는 다들 돈을 벌기 위해 혈안이 되어 있는데요, 돈을 벌려면 뭔가를 팔아야 하니까요. 노동자는 노동할 수 있는 능력을 팔고, 자본가는 자기 회사에서 만든 물건을 팔고, 은행은 대출 상품을 팔고요. 그러니 상품에 뭔가 실마리가 있지 않을까 하는 막연한 생각이 듭니다.

강사··· 눈치가 보통이 아닌데요? 사실 오늘 강의할 핵심 내용은 상품이라는 놈이 어떻게 자신의 가치를 형성하는지를 탐구하는 과정입니다. 학생은 혹시 제 책을 읽어본 적 있나요?

학생··· 재수강생이라 지난 학기에 읽긴 했어요. 헤헤···.

강사··· 그렇군요. 재수강하는 학생이 얘기했던 것처럼, 온전하게 시장에 내다 팔기 위해 만드는 물건(컴퓨터, 휴대폰, 빵, 만년필, 자동차 등)을 **상품**이라고 부릅니다. 그리고 상품이 시장에 나와서 판매되는 과정에서 **화폐**와 교환되죠.

자본주의 사회에서는 이러한 활동이 전방위로 벌어져요. 우리가 살면서 필요로 하는 재화나 용역 대부분이 시장에서 거래되는 상품 형태로 제공되니까요. 예컨대, 공장 운영에 필요한 원료와 기계도 시장에서 구매합니다. 이것들도 누군가가 판매하기 위해 생산한 상품이니까요. 머리카락을 적당한 길이로 자르고 다듬는 서비스도 상품으로서 화폐를 주고 구매하죠.

이렇듯 자본주의 사회에서 생산되는 재화 대부분은 상품입니다. 직접 쓰려고 만드는 것이 아니라 내다 파는 것이 목적이죠. 자본주의 사회의 특징은 상상 가능한 거의 모든 재화나 용역을 상품으로 만든다는 점입니다.

제가 어릴 때에는 물을 돈 주고 사 먹는다는 건 꿈에도 생각하지 못했습니다. 하지만 지금 우리는 자연스럽게 물을 사 먹고 있어요. 심지어 인류가 개발한 다양한 형태의 지식도 특허라는 딱지를 붙인 상품으로 만들어서 사고팝니다. 사람도 상품입니다. 인력시장에서 팔리기를 바라며 일자리를 찾는 사람들, 구직 원서를 여기저기 넣는 청년들은 자신의 노동력을 상품으로 포장해서 기업에 선택해줄 것을 요구합니다. 은밀한 시장이기는 하지만 신장, 안구, 콩팥 등 인간 장기도 상품으로 매매되고 있습니다. 과연 자본주의가 상품으로 만들 수 없는 것이 있을까요?

자본주의는 모든 것을 상품으로 만든다

학생… 정말 그렇네요. 자본주의가 상품으로 만들지 못하는 것이 과연 있을까 싶어요. 대기오염이 점점 심해지는데 나중에는 공기도 상품으로 만들지 걱정이 되네요. 그럼 돈 없으면 숨도 못 쉬게 되는 건가요?

강사… 뉴스에서 봤는데, 중국에서는 대기오염이 심해 캐나다산 공기가 불티나게 팔리고 있다고 하던데요? 정말 대단하죠. 거의 모든 것을 상품으로 만드는 자본주의의 위력이란….

모든 것이 상품이 되면 결국 '상품을 구입할 수 있느냐 없느냐'가 중요해집니다. 돈이 많이 있으면 상품을 많이 구입할 수 있겠지만, 돈이 없으면 원하는 상품을 구입할 수 없겠죠. 결국 빈부 격차란 사회에 존재하는 수많은 상품을 구입해 사용할 수 있는 권리가 소수 부자에게 집중되는 현상입니다. 마르크스는 이 문제의 원인을 밝히기 위해 가장 먼저 상품이 무엇인지 분석했습니다. 모든 것을 상품으로 만드는 자본주의 사회를 제대로 알기 위한 필연적인 출발점이죠.

학생… 교수님, 제가 상품화할 수 없는 것을 찾아냈어요. 사람의 마음은 팔 수 없잖아요?

학생… 사람 마음도 살 수 있는 것 같은데요? 돈 가는 데 마음 간
다는 말도 있잖아요. 부잣집 도련님이 돈으로 예쁜 여성의 마음을
빼앗는 것을 보면 이미 마음도 거래되는 것 아닌가요?

학생… 그런가?

강사… 하하하. 마음도 살 수 있다니, 웃어야 할지 울어야 할지 모르
겠습니다. 아무튼 상품이란 놈을 본격적으로 분석해볼까요?
　마르크스는 상품에는 두 가치가 있다고 했습니다. **사용가치**와
교환가치입니다. 좀 생소한 개념이죠? 중요한 개념이니 잊지 않도
록 지금 공책에 '사용가치, 교환가치'라고 한 번씩 적어두세요.

> 사용가치
> 교환가치

　상품에 사용가치와 교환가치가 있다는 말의 의미를 뒤집어 생
각하면, 사용가치와 교환가치가 없는 재화나 용역은 상품이 될 수

없다는 뜻이기도 합니다. 그렇다면 도대체 사용가치와 교환가치라는 말은 무엇을 의미할까요?

먼저 상품에 사용가치가 있다는 말은 그 상품이 '쓸모가 있다'는 뜻입니다. 컴퓨터는 연산이 빠르다는 사용가치가 있습니다. 휴대폰은 멀리 있는 사람과 즉시 연락할 수 있다는 사용가치가 있습니다. 제가 와인을 무척 좋아하는데요, 와인은 다른 음식에서 경험하기 어려운 개성 있는 맛과 향을 제공한다는 점에서 사용가치가 있습니다.

만약 어떤 상품에 사용가치가 없다면, 다시 말해 전혀 쓸모가 없다면 시장에서 절대 팔리지 않습니다. 상품으로서 자격을 상실한 셈이죠. 제가 최근에 강의를 많이 해서 목 상태가 안 좋습니다. 가래가 많이 생기죠. 그런데 그걸 모아서 아무리 팔려고 해봐야 안 팔리겠죠?

학생⋯ 당연하죠! 교수님 가래는 쓸모가 없잖아요. 그러면 쓸모가 있다면 어떤 재화나 용역도 상품이 될 수 있나요?

강사⋯꼭 그렇지는 않습니다. 아까 중국에서는 캐나다산 공기가 판매되고 있다고 했지만, 다분히 이벤트 성격이 있는 경우입니다. 일반적으로 공기를 사고팔지는 않아요. 그런데 공기는 사용가치,

그러니까 쓸모가 대단하죠? 만약 공기가 없다면 우리 모두가 몇 분도 버티지 못하고 생명을 잃고 말 테니까요. 그런데 이처럼 엄청난 사용가치가 있는 공기는 왜 상품이 되지 못할까요?

학생… 아까 교수님이 상품에는 사용가치와 교환가치가 있다고 하셨잖아요? 공기는 사용가치는 있지만, 교환가치가 없어서 그런 것 아닌가요?

강사… 맞습니다. 학생 말대로 공기에는 사용가치는 있지만 교환가치가 없습니다. 그래서 상품이 되지 못하죠. 그렇다면 교환가치는 상품의 어떤 속성을 나타내는 개념일까요?

'교환'이라는 단어에 주목합시다. 상품 교환이 주로 이루어지는 곳은 어디일까요? **시장**입니다. 물물교환을 하든 화폐를 매개물로 이용하든, 시장은 수많은 상품이 복잡하게 교환되는 시공간입니다. 마르크스는, 시장에서 다양한 상품에 가격이 매겨지고 상품이 교환되는 상황의 본질은 각각의 상품을 만들기 위해 투여된 사람들의 노동이 서로 교환되는 것이라고 보았습니다. 예컨대 TV와 MP3가 시장에서 교환된다면, 본질적으로 TV를 만든 사람의 노동과 MP3를 만든 사람의 노동이 서로 맞교환된다는 의미입니다. 일종의 품앗이인 셈이죠. 상품이 교환되는 과정에서 자신과 타인의 노동이 교환되니까요.

학생… 직장인이 회사에서 받은 월급으로 마트에 가서 원하는 상품을 사는 행위도, 본질적으로는 화폐를 매개로 수많은 사람의 노동이 복잡하게 맞교환되고 있는 것이라고 볼 수 있겠네요. 나의 노동과 타인의 노동이 화폐를 매개로 상품의 형태로 교환되고 있으니까요.

강사… 그렇습니다. 마르크스가 얘기한 교환가치는 한마디로 '상품이 노동의 결과물이어야 한다'는 의미입니다. 상품이 시장에서 교환된다는 의미는 각각의 상품을 만들기 위해 투입된 노동이 교환되는 것이며, 뒤집어 얘기하면 노동의 결과물이 아닌 것은 교환가치가 없어 상품이 될 수 없다는 뜻이죠.

학생… 아! 그러니까 공기는 쓸모가 있지만 노동의 결과물이 아니니 상품이 되지 못하는 것이군요. 생각해보니 그렇겠다 싶어요. 열심히 노동해서 만든 상품을 아무 수고도 하지 않고 얻을 수 있는 공기와 바꿀 이유가 없으니까요.

강사… 그렇죠. 또 완전 반대의 경우도 생각할 수 있는데요, 노동의 결과물이지만 쓸모가 없어서 상품이 되지 못하는 것도 있습니다. 제가 집에 있는 책을 열심히 조각조각 찢어놓았다고 합시다. 그렇게 만들어진 종이 쪼가리들은 분명 노동의 결과물이지만 지식과 정보를 전달할 수 있는 쓸모(사용가치)가 없어져 상품으로서의 속성을 상실합니다.

요컨대 재화나 용역이 상품이 되기 위해서는 쓸모가 있어야 하며 동시에 그것이 노동의 결과물이어야 한다는 결론이 나죠. 상품의 이런 속성을 마르크스는 사용가치와 교환가치라는 개념으로 정리한 것입니다.

상품이 교환되는 비율은 어떻게 결정되는가

학생… 교수님, 곧바로 궁금한 점이 생기는데요, 시장에서 상품이 교환되는 비율은 어떻게 정해지는 건가요? 예를 들어서 TV 10대와 자동차 1대가 교환된다든지, 컴퓨터 2대와 복사기 1대가 교환된다는 비율이요. 우리가 일반적으로 '가격'이라고 부르잖아요. 주류 경제학에서는 수요와 공급이 일치하는 지점에서 가격이 정해진다고 말하는데, 마르크스도 그렇게 설명하나요?

강사… 마침 **교환비율**을 얘기하려던 차였습니다. TV 1대와 티셔츠 1벌이 교환되지 않고, 하필 TV 1대와 티셔츠 50벌이 교환되는 이유는 무엇일까요? 마르크스는 시장에서 상품이 교환되는 양적 비율은 그 상품을 생산하는 데 **사회적으로 필요한 노동시간**에 의해 결정된다고 말합니다. 소위 주류 경제학과 가장 크게 차이 나는 부분인데요, 이를테면 TV 1대를 만드는 데 150노동시간이 걸리고 티셔츠 1벌을 만드는 데 3노동시간이 걸린다고 가정하면, 어느 쪽도 시간적으로 손해를 보지 않기 위해서는 다음과 같은 비율로 교환해야 합니다.

TV 1대(150노동시간)**＝티셔츠 50벌**(3노동시간×50벌＝150노동시간)

조금 전에 한 학생이 주류 경제학에서는 수요와 공급이 일치하는 지점에서 가격이 형성된다고 얘기했죠? 물론 가격이 수요와 공급에 영향을 받는 것도 사실입니다. 마르크스도 잘 알고 있었고 실제 《자본론》에서도 그 내용을 다룹니다. 그런데 수요와 공급의 일치점으로 가격을 설명하는 방식에는 맹점이 있습니다. 특정 상품이 왜 하필 특정 수준에서 가격이 형성되느냐 하는 부분을 명쾌하게 설명할 수 없거든요.

예컨대 에쿠스 자동차의 경우 가격이 1억 원을 중심으로 형성되는데, 왜 화이트보드 지우개는 2,000원을 중심으로 가격이 형성되느냐 하는 문제이죠. 에쿠스의 경우 공급은 폭증했는데 구매 수요가 거의 없다고 해도 가격이 폭락해서 2,000원을 중심으로 움직이지는 않아요. 화이트보드 지우개의 경우 아무리 공급이 부족하고 수요가 폭증한다 해도 가격이 1억 원을 중심으로 형성되지는 않습니다. 에쿠스는 지우개에 비해 들어가는 부품이 상대적으로 많아 비용이 많이 들기 때문이라고 얘기할 수도 있겠죠. 그렇다면 에쿠스를 구성하는 부품의 가격은 왜 또 그 수준에서 형성되느냐 하고 연쇄적으로 따져 들어가면 딱히 할 말이 없어요.

가격은 분명 수요와 공급의 변화에 따라 일정 부분 영향을 받지만, 일반적으로 어떤 특정 균형점을 중심으로 변동하게 됩니다. 그런데 수요와 공급 법칙만으로는 왜 그런 균형점이 생기는지, 그리고 그 균형점이 어떤 방식으로 형성되는지를 명쾌하게 설명할 수 없습니다.

《자본론》에는 상품이 교환되는 균형점이 어떻게 형성되는지가 나옵니다. 상품이 교환되는 비율을 결정하는 요소는 해당 상품을 생산하는 데 사회적으로 필요한 노동시간이라는 겁니다. 앞서 언급했듯이 TV 1대를 만드는 데 150노동시간이 걸리고, 티셔츠 1벌을 만드는 데 3노동시간이 걸린다고 합시다. TV 만드는 노동자 3명과 티셔츠 만드는 노동자 3명이 모두 150노동시간씩 일을 하면 TV와 티셔츠는 각각 얼마나 생산될까요? 노동자 1명당 TV는 1대씩 만들 테니 3대가 생산되겠죠. 같은 방식으로 티셔츠를 계산하면 티셔츠는 노동자 1명이 150노동시간 동안 50벌씩 만들 테니 노동자 3명이 총 150벌 생산합니다. 결국 시장에는 TV 3대와 티셔츠 150벌이 공급되겠죠. 균형점은 TV 1대에 티셔츠 50벌이 교환되는 수준에서 정해지고요.

그런데 일시적으로 TV 만드는 사람이 늘어나 6명이 된다고 해보죠. 시장에는 TV 6대가 공급되고, 티셔츠는 여전히 3명이 생산하니까 전처럼 150벌이 공급됩니다. 변화된 상황이 반영되어 한동안 TV 1대와 티셔츠 25벌이 교환될 수도 있습니다. 하지만 이런 상황이 지속될 수는 없습니다. TV 1대(150노동시간)가 티셔츠 25벌(75노동시간)과 교환되면 한쪽이 명백하게 밑지기 때문입니다. 자신의 2노동시간과 다른 사람의 1노동시간이 교환되고 있으니까요. 손해를 본 TV 업자 몇몇이 손을 털고 나오면 TV의 공급이 줄어들어 균형점으로 돌아가게 됩니다.

마르크스의 노동가치론

강사⋯ 이렇듯 마르크스는 상품 교환비율의 균형점 형성에 근본적으로 작용하는 요소가 사회적으로 필요한 노동시간이라고 말했습니다. 이것이 마르크스의 **노동가치론**입니다. '상품의 가치는 노동이 창출한다'는 뜻이죠.

학생… 인간의 노동이 상품에 가치를 부여하는군요. 하긴 노동 없이 그 어떤 것이 만들어질 수 있을까 싶네요. 지극히 당연한 얘기 같기도 하고요. 그런데 '노동시간'이라고 하면 될 것 같은데 왜 거추장스럽게 '사회적으로 필요한 노동시간'이라고 부르나요?

강사… 중요한 이유가 있죠. 예를 들어 설명해보겠습니다. 제가 TV를 만드는 초짜 기술자라고 합시다. TV를 만드는 데에 노동자 평균 150시간이 걸리지만 저는 숙련도가 떨어지다 보니 300시간이 걸렸습니다. 제가 이 TV를 시장에 가지고 나가서, 이 TV는 남들보다 시간을 두 배 들여 만들었으니 두 배 가격으로 팔려고 한다면 어떻게 될까요? 안 팔릴 겁니다. 저는 이미 형성된 시장가격으로 판매할 수밖에 없습니다. 숙련도가 낮은 300시간 노동이 사회적으로는 150노동시간이라는 평가를 받은 셈이죠.

반면에 제가 숙련도가 높고 손이 빨라서 만드는 데 평균 150시간 걸리는 TV를 절반인 75시간 만에 만들었습니다. 그렇다고 해서 시장에서 제 TV만 절반 가격으로 판매되지는 않잖아요? 역시 이미 형성된 시장가격으로 판매됩니다. 숙련도 높은 제 75시간은 사회적으로는 두 배인 150노동시간으로 인정받은 셈이죠.

사회적으로 필요한 노동시간이라는 표현은 사회적으로 평균적인 숙련도, 평균적인 노동 강도, 평균적인 생산력 수준을 가정했을 때, 어느 정도의 시간이 소요되는지를 의미합니다. 이 때문에 어떤 상품을 만들 때 걸리는 시간을 얘기할 때는 **노동시간**과 **시간**이라는 단어를 구분해서 쓸 필요가 있습니다. 노동시간이라는 표현에는 평균적인 노동 강도, 숙련도, 생산력을 가정했을 때 걸리는 시간이라는 의미가 내포되어 있죠.

학생… 사회적으로 필요한 노동시간이라고 부르는 데는 그런 이유가 있었군요. 하긴 제가 이틀 날밤을 새서 성냥개비 하나 만든다고 그 성냥개비가 실제 48노동시간의 가치가 있지는 않겠네요.

강사… 정리하자면, 상품이 시장에서 교환되는 비율을 나타내는 교환가치는 해당 상품을 만드는 데 사회적으로 필요한 노동시간에 의해 결정됩니다. 예를 들어 집 한 채를 지을 때 들어가는 사회적으로 필요한 노동시간은 매우 깁니다. 반면 볼펜 하나를 만드는 데 사회적으로 필요한 노동시간은 매우 짧죠. 상식적으로도 비싼 상품일수록 생산하는 데 시간이 오래 걸리고 싼 상품일수록 생산하는 데 소요되는 시간이 짧은 경향이 있다는 걸 알 수 있어요.

　교환가치의 의미는 꼭 기억해둬야 합니다. 자본주의의 착취 구조를 밝히는 핵심적인 개념이에요.

학생… '상품은 사용가치와 교환가치가 있다. 사용가치는 상품이 쓸모가 있다는 것을 의미하고, 교환가치는 상품이 노동의 결과물이라는 것을 의미한다. 상품의 교환비율은 해당 상품을 만드는 데 사회적으로 필요한 노동시간에 따라 결정된다.' 이렇게 정리해놓고 보니 그다지 어렵지 않네요.

학생… 그런데, 궁금한 점이 있습니다. 상품의 교환비율이 상품을 만드는 데 사회적으로 필요한 노동시간에 의해서 결정된다는 얘기가 어느 정도 타당성 있어 보이지만, 실제 그렇게 교환되는지 검증한 것은 아니지 않나요? 상품을 만드는 데 걸리는 시간을 실제로 측정해서 시장에서 비교하지는 않잖아요? 아마도 다음 내용에는 노동가치론을 기초로 논리가 전개될 것 같은데요, 그래서 더 확실히 이해해야 할 것 같습니다.

교환비율을 규정하는 핵심요소, 노동시간

강사⋯ 날카로운 질문입니다. 학생 말대로 노동가치론은 이후에 나올 내용의 기초가 되죠. 이런 까닭에 《자본론》의 이론 체계를 비판하는 학자들은 노동가치론을 집중적으로 공격하죠. 학생은 가벼운 마음으로 질문했을지 몰라도 사실은 매우 논쟁적이고 만만치 않는 주제입니다.

이해를 돕기 위해서 비유를 들어서 설명해보겠습니다. 고등학교 물리에 일정 높이에 있는 물체가 자유낙하해서 지면에 닿을 때까지 소요되는 시간을 계산하는 문제가 나오는데요, 혹시 기억나나요?

학생⋯ 제가 문과 계열이라 물리는 잘 몰라서⋯.

강사⋯ 하하하. 그렇군요. 제가 이공계 출신이라서 저에게 익숙한 예를 들었는데 당황스러웠다면 이해해주세요.

물체가 자유낙하해서 지면에 닿기까지 걸리는 시간은 여러 요소의 영향을 받습니다. 바람, 공기 저항, 공기 밀도, 심지어는 달과 지구 사이의 거리⋯ 이런 모든 요소가 물체가 지면에 닿는 시간에 일정 부분 영향을 미치죠. 하지만 물리 문제를 풀 때 이런 요소를 모두 고려하지는 않죠. 그저 중력가속도라는 물리량 하나만을 고려해 계산합니다. 그렇다면 다른 요소를 고려하지 않고 중력가속도만으로 계산하는 이론이 틀린 것일까요?

학생… 꼭 틀렸다고 볼 수는 없을 것 같아요. 실제 물체의 자유낙하 시간을 결정하는 핵심 물리량은 중력가속도이고, 그것으로도 근사치를 구할 수 있으니까요. 실제 상황에도 얼추 적용할 수 있다고 알고 있어요.

강사… 맞습니다. 노동가치론의 의미도 비슷한 방식으로 이해하면 좋을 것 같아요. 실제 시장에서 상품이 교환되는 비율은 수요와 공급의 차이나 상표의 인지도 등 다양한 요소의 영향을 받습니다. 하지만 마르크스는 상품이 교환되는 비율을 결정적으로 규정하는 요소를 노동시간으로 본 것이죠.

의구심이 드는 학생들도 있겠지만, 지금은 먼저 마르크스가 노동가치론을 기초로 해서 어떤 이론을 펼쳐 나가는지를 찬찬히 살펴보도록 해요. 나중에, 도출된 결론으로 마르크스 이론의 타당성과 설득력을 가늠해봐도 늦지 않을 겁니다.

학생… 《자본론》 배우는 시간에 물리 얘기가 나올 줄은 몰랐네요.

하하. 어떤 맥락에서 하신 말씀인지는 이해됩니다.

강사··· 비유가 좀 어려웠나요? 방금 한 얘기는 일단 관심 있는 사람만 염두에 두세요. 오늘 함께 공부한 내용은 이후 《자본론》내용 전개의 토대를 이루는 중요한 부분입니다. 특히 다른 것은 다 잊어버리더라도, 상품의 교환비율은 해당 상품을 만드는 데 사회적으로 필요한 노동시간에 의해서 규정된다는 점만큼은 꼭 기억하시기 바랍니다.

지금까지 상품의 가치를 마르크스가 《자본론》에서 어떻게 서술했는지 간략하게 검토했습니다. 다소 생소한 개념이었을지도 모르겠네요. 세상에는 공짜가 없고 공부에는 왕도가 없다고 하죠. 한발 한발 내딛다 보면 어느덧 목표에 다다를 겁니다.

3강

돈이 자본으로
바뀌었어요

강사… 드디어 마르크스 《자본론》의 핵심 내용에 들어가는군요. 심호흡을 크게 한 후에 시작하죠. 오늘 강의의 핵심은 '돈'과 '자본' 차이를 이해하는 것입니다. 이것만 확실히 이해한다면 오늘 강의를 제대로 들은 것입니다.

학생… 교수님, 그냥 돈이 좀 많으면 자본이라고 말하지 않나요? 100원을 자본이라고 부르기는 좀 뭐하지만 10억 원은 자본이라고 불러도 자연스럽잖아요.

강사… 일상에서 자본이라는 단어를 사용할 때는 그런 느낌이 있죠. 하지만 《자본론》에서 자본이라는 단어를 사용할 경우에는 다릅니다. 돈과 자본의 차이를 명확하게 이해하는 것은 《자본론》 체계에서 굉장히 중요해요. 지금 제가 칠판에 쓰는 것을 잘 보세요!

화폐는 필연적으로 발생한다

$$C-M-C$$

강사… 여기서 C는 상품을 뜻하는 Commodity의 영문 첫 글자이며, M은 화폐를 뜻하는 Money의 영문 첫 글자입니다. C와 M이라는 약자에 익숙해지세요. 앞으로 자주 쓸 겁니다. 한글을 덧붙이면 이렇게 되겠죠.

$$C(상품)-M(돈)-C(상품)$$

도대체 이 식이 무엇을 뜻하느냐? 가령 제가 옷을 만들어 판매하는 사람이라고 가정합시다. 시장에서 옷이 필요한 사람과 만나 거래가 성사되면 저는 상대방에게 옷을 넘기고 반대급부로 돈을 받습니다. 저는 이 돈으로 와인을 사려고 와인 매장에 갑니다. 와인 매장에서 원하는 와인을 고른 후 매장 직원에게 돈을 건네면 거래가 성사되겠죠. 일련의 거래를 방금 소개한 식으로 표현하면 이렇습니다.

$$C(옷)-M(돈)-C(와인)$$

옷과 와인은 상품이니까 C로 표시했고, 돈은 화폐이니까 M으로 표시했습니다. 사실 C—M—C라는 식은 이런 일련의 거래 과정을 단순하게 식으로 표현한 것입니다.

학생… 영어 단어를 쓰시기에 좀 거창한 내용이 나올 줄 알았는데 살짝 맥 빠지는데요? 하하.

강사… 조금만 기다리면 '거창한' 내용이 나올 테니 너무 실망하지 마세요. 여기서 잠깐, 돈 그러니까 화폐에 대한 얘기를 좀 하고 넘어가도록 하죠. 지금부터 대한민국에서 화폐란 화폐가 모두 사라졌다고 가정합시다. 그러면 우리는 어떤 방식으로 상품을 거래해야 할까요?

학생… 물물교환 방식 아닐까요? 조금 전 교수님께서 옷을 팔아 와인을 구입하는 예를 드셨는데요. 화폐가 없어지면 옷을 직접 들고 와인 매장에서 와인과 바꾸는 식이겠죠.

강사… 그런데 와인 매장에서 그 옷이 필요 없다고 하면 어떻게 해야 할까요? 무엇이 필요하냐고 물어봐야겠죠. 만약 상황버섯이 필요하다고 한다면, 옷을 들고 상황버섯 상점에 가서 문의해야 합니다. "와인을 사려는데 그쪽에서 옷을 안 받아서 뭐가 필요하냐고 물었더니 상황버섯이 필요하다네요. 그래서 왔어요. 이 옷을 드릴 테니 상황버섯을 주세요." 그런데, 상황버섯 상점에서도 옷이 필요 없다고 한다면?

학생… 그런 방식으로는 도저히 거래할 수 없을 것 같은데요?

돈은 무엇이고, 자본은 무엇일까

강사… 그렇죠? 사회가 분업화되고 물자가 다양해지면 화폐는 '필연적'으로 발생할 수밖에 없습니다. 오늘날에는 화폐라고 하면 순전히 '화폐 기능'만 수행하는 지폐, 동전 따위를 떠올리겠지만, 역사적으로 보면 거래되는 수많은 상품 가운데 하나가 선택되어 화폐로 기능하는 경우가 많았습니다. 예컨대 금이나 은, 비단 같은 상품이 화폐로 기능했죠.

화폐가 사용되면서 거래가 수월해졌습니다. 옷을 시장에 들고 나가서 판매하여, 벌어들인 화폐로 와인 매장에서 와인을 구매하면 됩니다. 금을 화폐로 이용하고 있다고 가정했을 경우 아래 식처럼 거래가 이루어지겠죠.

$$C(\text{옷 1벌})\text{—}M(\text{금 10그램})\text{—}C(\text{와인 2병})$$

C(옷 1벌)—M(금 10그램)은 옷이 화폐로 바뀌는 과정을 표시한 것이고, M(금 10그램)—C(와인 2병)는 그 화폐가 다시 와인으로 교환되는 과정을 표시한 것입니다. 이 둘이 연쇄적으로 일어나 하나의 식이 됐고요. 금이 화폐로 쓰이기 시작하면 여타 상품의 가치는 다음처럼 금을 통해 표현됩니다.

TV 1대 = 금 50g

잠바 1벌 = 금 10g

자동차 1대 = 금 5kg

와인 1병 = 금 5g

수많은 상품 가운데 하필 금이 화폐 역할을 하게 된 것은 금의 특수한 성질 때문이에요. 우선 소량으로도 큰 가치를 대변할 수 있습니다. 만약 솜을 화폐로 쓴다고 가정해보세요. 집 한 채 사려면 솜을 트럭 몇 대분으로 실어 날라도 부족하겠죠? 무척 불편할 거예요.

또 금은 다양한 가치량을 표현할 수 있습니다. 금은 다양한 크기로 가공해도 사용가치를 잃지 않죠. 싼 상품을 구입할 때는 금을 조금만 떼어서 지불하고, 비싼 상품을 구입할 때는 좀 더 큰 덩어리로 지불하면 되겠죠. 자동차를 화폐로 사용하면 어떨까요? 자동차를 반으로 자르면 사용가치를 잃겠죠? 쓸모가 없어져서 상품이 아닌 것이 되었으니까요. 금 외에도 은, 비단 등도 비슷한 성질이 있어 화폐로 기능할 수 있었죠.

학생… 역사적 기원을 보면 화폐는 상품 가운데에서 탄생한 거로군요. 그런데 지금 사용하는 지폐나 동전은 금, 은, 비단처럼 상품 역할을 하지는 않고 오로지 화폐 용도로만 쓰이고요. 1만 원짜리 지폐에는 1만 원만큼의 교환가치가 있지는 않으니까요.

강사… 그렇죠. 화폐가 진화하면서 거추장스러운 부분을 벗어던지고 순수한 교환가치의 표상이 되었다고 볼 수 있겠죠.
　화폐의 발생과 기능 얘기가 좀 길어졌는데요. 오늘은 돈과 자본의 차이를 알아보는 시간이라는 것을 잊지 않았죠? 자! 잘 들으세요. 지금까지 든 예처럼 돈이 단지 교환과 거래의 매개 수단으로만 사용될 때는 자본이라고 부르지 않습니다. 그저 돈일뿐이죠. 그런데 돈이 자본으로 기능하게 되면 이런 방식으로 움직이게 됩니다.

$$M(화폐)—C(상품)—M'(화폐)$$

이 식을 **자본의 일반공식**이라고 부릅니다. 돈이 단순히 거래의 매개물 역할만 할 때는 C—M—C 라는 식으로 표현되었죠. 자본의 일반공식에서는 M과 C의 자리가 완전히 뒤바뀌었습니다. 게다가 마지막에 있는 M에는 '′(프라임)'이 붙어 있습니다. 무엇을 표현한 식일까요?

예를 들어 설명하겠습니다. 제가 가내수공업으로 옷을 만들어서 판다고 합시다. 어느 날 제가 만든 옷이 날개 돋친 듯 팔리기 시작합니다. 그래서 옷을 팔아 돈을 꽤 모았습니다. 이 목돈, 그러니까 일종의 종자돈이 자본의 일반공식에서 맨 왼쪽에 등장하는 M입니다.

$$M(목돈)—C—M'$$

장사가 잘되면 가내수공업으로 혼자 옷을 만드는 것보다 회사를 차려 규모 있게 옷을 생산하는 쪽이 훨씬 돈 벌기 좋죠. 그래서 종자돈으로 사무실도 임대하고 원료와 기계도 사다 놓고 노동자도 고용해서 회사를 차렸습니다. 이제 회사를 열심히 운영하면 종자돈이 무엇으로 바뀔까요?

학생… 옷 만드는 회사를 차렸으니, 옷으로 바뀌지 않을까요?

강사… 그렇죠. 자본의 일반공식에서 가운데 있는 C가 바로 회사에서 생산한 옷을 뜻합니다.

$$M(목돈) - C(옷) - M'$$

생산한 옷을 시장에 내다 팔면 돈을 버는데, 식의 오른쪽에 나오는 M'이 바로 번 돈, 판매대금입니다.

$$M(목돈) - C(옷) - M'(판매대금)$$

언뜻 생각해보면 소모적인 일로 보이죠. 왜냐하면 돈을 옷으로 바꾼 후에 다시 원래의 돈으로 바꾸니까요. 차라리 그냥 들고 있으면 편하지 않을까요?

학생… 처음보다 돈이 불어나니까 수고스럽더라도 그렇게 하는 것이죠.

강사… 그렇죠. 예상대로 옷이 잘 팔리면 이윤이 발생해서 처음보다 돈이 불어납니다. 자본의 일반공식 마지막에 나오는 M'에서 ' ′ '은 바로 돈이 불어났다는 것을 나타내는 표시입니다.

$$M-C-M'(=M+m):\ m\text{은 처음보다 늘어난 화폐량}$$

돈이 불어나면 기분 좋지 않겠어요? 그래서 덩치가 불어난 돈으로 옷을 더 많이 만들어 팝니다. 이 과정을 끊임없이 반복해서 돈의 덩치를 끊임없이 불려나갑니다. 식으로 표현하면 이렇게 쓸 수 있겠죠.

$$M-C-M'-C'-M''-C''-M'''-C'''-M''''\cdots$$

M에 붙은 ' ′ ' 개수가 늘어나는 것은 돈이 지속적으로 불어나는 과정을 표현한 것이죠. 이와 같이 돈이 자신의 크기를 불리는 과정에 들어가 운동하게 됐을 때, 우리는 비로소 돈이 **자본**이 됐다고 합니다.

이윤은 어디에서 나올까

강사… 화폐가 단순히 거래의 매개수단으로 기능하는 C—M—C 식에서는 원하는 와인을 구매하면 더 이상의 변화가 없습니다. 반면 화폐가 자본의 기능을 하게 되면 M—C—M′의 과정은 멈추지 않고 지속됩니다. 1억 원을 1억 5,000만 원으로 불린 자본가는 다시 1억 5,000만 원을 3억 원으로 불리기 위해 고민하죠. 끝없는 이윤 추구 욕망이 M—C—M′의 순환을 지속하게 하는 원동력이 됩니다. 거래의 수단인 화폐가 자본이 되면 화폐는 '수단'에서 '목적'으로 격상되죠.

학생… 돈이 끊임없이 자신의 덩치를 불려나가는 과정에 들어가게 됐을 때, 그 돈을 자본이라고 부르는군요. 돈과 자본을 굉장히 명쾌하게 구분할 수 있네요. 그런데 돈이 어떻게 자신의 덩치를 불리는 거죠? 이윤을 먹고 커진다고 했는데, 이윤은 어디에서 나오는 건가요?

강사… 사실 이윤이 어디에서 나오는지가 《자본론》의 핵심 중에서도 핵심 내용입니다.

개인적인 얘기를 먼저 해보겠습니다. 저는 어릴 적에 돈을 번다는 것, 그러니까 이윤을 낸다는 것은 물건을 싸게 떼어 와서 다른 사람에게 비싸게 파는 행위에서 나오는 결과라고 생각했어요. 그렇게 생각한 이유가 있습니다. 어릴 때 100원 주고 산 과자 봉지에 '공장도가격' 60원이라고 적혀 있는 거예요. 그 의미를 몰라 어머니한테 물어봤더니, 가게 아줌마가 공장에서 60원에 사 와서 저한테 100원에 팔고 있다는 뜻이라네요. 설명을 듣고 어린 마음에 충격을 받았어요. 어린아이 생각에는 아줌마가 아이한테 사기 치는 것처럼 느껴졌거든요. 만약 학급 친구가 지우개를 50원에 사서 나한테 100원에 팔았다면 무척 배신감을 느꼈을 테니까요.

그 아이가 성장해서 세상물정을 조금씩 알기 시작합니다. 돈을 번다는 것의 본질은 뭔가를 싸게 떼어 와서 비싸게 파는 행위에 있는 것 아닌가 하고 생각하게 됐습니다. 제조업을 보더라도 원료, 기계 구매 비용, 그리고 노동자를 고용하는 인건비 등에다가 이윤이라는 명목으로 돈을 좀 더 얹어서 생산품을 파니까요. 그렇게 따져보니 돈벌이는 본질적으로 물건을 싸게 떼어 와서 비싸게 파는 상거래 행위라고 생각하지 않을 수 없었죠.

그런데 마르크스의 《자본론》을 공부하면서 중요한 사실을 깨달았습니다. 순수한 상거래 행위, 그러니까 뭔가를 싸게 떼어 와서 비싸게 파는 행위만으로는 본질적으로 '순수한 형태의 이윤'이 발생할 수 없다는 사실을 말입니다.

학생… 어? 저는 지금도 물건 싸게 떼어 와서 비싸게 팔면 이윤이 나온다고 생각해요. 어떻게 그런 상거래에서는 이윤이 나지 않는다고 단정적으로 말씀하시는지, 잘 이해되지 않는데요?

강사… 의구심이 드는 것을 충분히 이해합니다. 제 설명을 들으면 어렵지 않게 이해할 수 있을 거예요. 자본의 일반공식을 다시 칠판에 써보죠.

$$M(100만 원) — C(컴퓨터) — M'(120만 원)$$

이 식을 해설하자면 이렇습니다. 제가 수중에 100만 원이 있었는데 그 돈으로 100만 원짜리 컴퓨터를 구매한 후 질문한 학생에게 120만 원에 팔았다고 해봅시다. 그러면 저는 20만 원을 번 셈이죠?

학생… 네.

강사… 이처럼 단순한 상거래 행위를 통해 20만 원을 벌기 위해서는 거래의 상대방이 존재해야 합니다. 학생이 나한테 120만 원을 주고 100만 원짜리 컴퓨터를 구입해야 거래가 성사되겠죠?

학생… 물론이죠.

강사… 학생과 내가 공존하는 강의실 '전체 차원'에서 봤을 때는 우리의 거래를 어떻게 이해할 수 있을까요? 저는 상거래 과정에서 20만 원을 벌었지만, 학생은 120만 원을 주고 100만 원짜리 컴퓨터를 들고 갔으니 20만 원 손해입니다. 한쪽은 +20만 원이고 다른 쪽은 −20만 원이니 합치면 결과는 0입니다. 강의실 전체 차원에서는 '새로 창출된 가치'나 '순전한 형태의 이윤'이 과연 존재할까요?

학생… 없네요. 결국 제로섬zero sum이잖아요. 음… 아! 그러니까 단순히 서로 소유한 물건을 거래하는 상거래 행위에서는 거래 당사자 사이의 '부의 재분배'만 있을 뿐 순전한 형태의 이윤은 나오지 않는다는 말씀이죠?

유통과정에서는 가치가 창출될 수 없다

강사… 정확합니다. 이쯤에서 '유통과정'이라는 단어를 설명해야겠군요. 상품 교환(물물교환이든 화폐를 매개로 하든 상관없이)이 이루어지는 과정을 일반적으로 **유통과정**이라고 합니다. 유통과정과는 별개로 '생산과정'이라는 것이 있습니다. **생산과정**은 말 그대로 원료, 기계 등을 이용해서 노동자가 상품을 만드는 과정입니다. 요컨대 상품을 만드는 과정이 생산과정이고, 상품을 시장에서 화폐나 다른 상품으로 교환하는 과정이 유통과정입니다.

조금 전에 설명했듯 물건을 서로 교환하기만 하는 유통과정에서는 순수한 형태의 이윤이 나올 수 없습니다. 우리나라 모든 국민이 앞으로 1년 동안 서로가 가진 물건을 교환만 한다고 해봅시다. 우리 집에 있는 것을 저 집에 놓고, 저 집에 있는 것을 우리 집에 놓는 식으로요. 재산의 소유권이나 위치는 바뀌겠으나, 우리나라 영토 안에서 뭔가 새롭게 창출되는 가치는 없겠죠. 농부가 농사를 짓지 않을 테니 새 쌀이 나올 리 없고, 건설 노동자가 일을 안 하니 없던 건물이 들어설 수도 없죠.

그런데 우리나라 경제를 포함해 세계경제는 매년 GDP(국내총생산)가 일정한 비율로 증가하죠. 기업이나 업계의 평균이윤율은 몇 퍼센트라는 둥 얘기합니다. 매년 새 물건이 생겨나고 더 많은 재화가 모습을 드러냅니다. 이것이 유통과정에서 나오지 않는다면 도대체 어디에서 나오는 걸까요?

학생… 당연히 공장에서 만들어내는 것 아닐까요? 생산 영역에서 나오겠죠. 사람이 노동을 해야 새로 뭔가가 생길 테니까요. 설명하셨듯이 단순히 교환 행위만으로는 새 가치가 나올 수 없고요.

강사… 맞습니다. 새 가치를 만들어내기 위해서는 인간이 노동을 해서 새 재화를 만들어내야 합니다. 마르크스는 상품의 교환가치를 해당 상품을 만드는 데 '사회적으로 필요한 노동시간'이라고 정의했습니다. 이런 입장에서 보면 인간의 노동을 통하지 않고는 새 교환가치가 더더욱 발생할 수 없겠죠. 결국 새 교환가치는 유통과정이 아닌 생산과정에서 창출될 수밖에 없다는 결론이 도출됩니다.

학생… 그렇다면 화폐가 자본으로 기능하는 경우를 자세히 들여다보기 위해서는 결국 생산과정에서 무슨 일이 일어나는지를 분석해야겠네요.

강사… 그렇죠. 다음 시간에 우리는 생산과정을 구체적으로 분석할 겁니다. 그 과정에서 자본주의 사회의 심각한 빈부 격차 원인을 구체적으로 파악할 수 있게 되죠. 착취가 있는지 없는지 숫자로 증명할 겁니다.

학생… 대박인데요? 정말 기대돼요!

강사… 참! 이번 시간을 마무리하기 전에 한 가지 짚고 넘어갈 부분이 있습니다. 유통과정 내용을 듣고서 '유통업에 종사하는 사람들은 가치 없는 일을 하고 있느냐'라는 질문을 하는 학생들이 있어요. 사실 이 질문 내용이 《자본론》 2권에 자세하게 나옵니다. 그런데 초보자 강의에서 그 내용을 다루는 것은 적절하지 않아 그동안 따로 언급하지 않았습니다. 그래도 질문이 자주 나오기에 간략하게 설명하겠습니다.

일반적으로 상품을 생산지에서 소비자의 거주지로 배송하는 것도 유통 부문으로 분류합니다. 그런데 《자본론》에서는 운송 과정을 유통과정이 아닌 생산과정으로 분류하죠. 일반 상식과는 좀 다르죠? 마르크스가 유통과정이라고 생각한 것은 그야말로 '순수하게' 물건이 교환되는 과정에 관련한 것입니다.

예컨대 공산주의 사회의 계획경제 시스템을 놓고 보죠. 공장에서 생산된 상품은 창고를 거쳐 정해진 계획대로 소비자에게 직접 배송될 겁니다. 하지만 공산주의 배급제 사회에는 여러 물건을 진열해놓고 물건을 팔기 위해서 무한 경쟁을 하는 순수한 형태의 유통업이란 존재할 수 없습니다. 판촉 행위 자체가 불필요하기 때문이죠. 물건을 팔기 위한 광고도 필요 없고요.

대조적으로 자본주의 시장경제 시스템에는 공산주의 계획경제 시스템에 전혀 불필요한 문자 그대로의 순수한 유통 부문이 필요합니다. 상품이 화폐로 교환되는 과정이 매우 중요하기 때문이죠. 열심히 만들었는데 판매가 안 되면 말짱 헛일이니까요. 이 때문에 생산과정처럼 가치를 창조하지는 않더라도 가치가 실현되는(화폐로 교환되는) 영역에서는 유통 부문이 중요한 역할을 합니다. 마르크스가 얘기한 유통 부문은 바로 이런 순전한 형태를 뜻합니다.

그러면 이것으로 오늘 강의를 마무리하겠습니다.

생각해보기

· 화폐는 어떻게 발생했을까요?

· 자본과 화폐는 어떻게 다를까요?

· 자본의 일반공식을 설명해봅시다.

· 왜 유통과정에서는 가치가 창출될 수 없을까요?

이윤은 노동자의 빼앗긴 시간에서 나와요

강사… 전 시간에 생산과정을 들여다보아야 M—C—M′에서 이윤이 어떻게 발생하는지 알 수 있다고 했죠? 그래서 자본의 일반공식을 다음과 같이 변경하겠습니다.

$$M—C_{(LP, MP)}—P—C′—M′$$

식이 조금 길어졌죠? 부담스러워 할 필요 없어요. 차근차근 알아보겠습니다. 변경 전의 식 M—C—M′에서 가운데의 C는 변경 후에 $C_{(LP, MP)}$—P—C′가 되었습니다. 이전 식에는 없던 생산과정을 표시한 것이죠.

식의 처음에 나오는 화폐 M은 자본가가 사업을 시작하기 전에 보유한 화폐입니다. 예컨대 저에게 빵공장을 운영하기 위한 초기 자본금 20억 원이 있다면 그 돈이 바로 M입니다. $M—C_{(LP, MP)}$는 초기 자본금으로 빵 생산에 필요한 상품을 구매하는 과정이죠. 괄호 안에 있는 LP와 MP는 각각 **노동력**Labor Power과 **생산수단**Means of Production을 나타냅니다. 빵공장을 운영하기 위해서 초기 자본금으로 노동자를 고용하겠죠? 노동자의 노동력도 노동시장에서 거래되는 상품이므로 C(LP)로 표시했습니다. 기계와 원료도 구입해야겠죠? 기계나 원료 같은 상품을 통틀어서 생산수단이라고 부릅니다. 그래서 C(MP)로 표시했습니다.

요컨대 M—C(LP, MP)는 종자돈 20억 원으로 빵 생산에 필요한 상품을 구입하는 과정입니다. 20억 원이라는 화폐M는 교환과정을 거쳐서 노동력과 생산수단이라는 상품c으로 형태를 바꾸게 되죠.

상품으로서 노동력의 가치

학생… 교수님, 노동력도 노동시장에서 거래되는 상품이라고 하셨는데요. 이전 강의 때 상품의 교환가치는 그것을 생산하는 데 사회적으로 필요한 노동시간이라고 정의하셨어요. 그렇다면 '노동력의 교환가치'는 어떤 의미인가요? 노동력이라면 결국 사람인데, 그러면 '사람을 생산하는 데 사회적으로 필요한 노동시간'이 어떤 의미인지 명확하게 정리가 안 됩니다.

강사… 아주 좋은 질문입니다. 나중에 적당한 시점에 설명하려고 했는데 바로 질문하는군요. 먼저 간단하게라도 얘기해야겠네요. 알다시피 사람이 보유하고 있는 노동할 수 있는 능력, 즉 노동력은 거저 생기는 것이 아닙니다. 노동자가 매일같이 공장에 나와서 일하려면 음식을 꾸준히 섭취해야 하죠. 잘 곳도 있어야 하고, 옷도 입어야 하고요. 여가와 재충전도 필요합니다. 또 자식도 낳고 키워야 하죠. 자본가계급의 입장에서도 노동자의 대가 끊기면 공장에서 일할 사람이 없어지니 곤란하죠. 노동자는 이 모든 문제를 자본가에게 임금을 받아 해결합니다. **임금**의 의미는, 결국 노동자가 자신의 노동력을 유지하고 재생산하기 위해 사회적으로 필요한 노동시간이 되는 셈이죠. 노동자가 받는 임금이 자신의 노동력에 대한 교환가치이죠.

학생… 그렇군요. 노동자의 노동력이 유지되고 재생산되는 데에는 음식이나 의복 같은 다양한 재화가 필요한데, 노동자는 그런 재화를 자신이 받은 임금으로 해결할 테니, 결국 임금의 값어치는 노동력의 유지와 재생산의 가치, 즉 노동력이라는 상품의 가치가 되겠네요. 사람을 상품 취급하는 것이 솔직히 그다지 내키지 않지만, 어쨌든 이해는 됩니다.

자본은 어떻게 몸집을 불릴까

강사… 제대로 이해한 것 같군요. 그럼 다시 하던 얘기로 돌아가겠습니다. M—C(LP, MP) 바로 다음에는 C(LP, MP)—P로 이어지죠? P는 생산Production의 앞 글자를 딴 것입니다. C(LP, MP)—P는, 자본가가 자신이 구입한 생산수단MP과 노동력LP을 투입해 시장에 내다 팔 상품을 본격적으로 생산하는 과정을 나타냅니다. 빵공장 사장이 고용한 노동자들을 공장에 모아놓고 원료와 제빵기계를 이용해서 빵을 생산하는 과정이죠.

C(LP, MP)—P 다음에 이어지는 P—C′은 생산과정P을 통해서 새로운 상품C′이 만들어지는 것을 나타냅니다. 빵을 만드는 생산과정이 P이고 그 과정에서 생산된 빵이 C′죠. P—C′에 이어 나오는 C′—M′은 상품C′을 판매해 화폐M′를 얻는 과정을 나타냅니다. 빵공장 예를 들자면, 생산과정에서 만든 빵C′을 팔아서 돈M′을 벌어들이는 겁니다. 알다시피 C와 M에 각각 '′'이 붙은 이유는 초기 자본금M보다 가치량이 증가되었기 때문입니다. 빵을 시장에 팔아서 이윤을 얻은 것이죠.

화폐에서 시작해 M—C(LP, MP)—P—C′—M′이라는 긴 과정을 거쳐 다시 초기의 화폐 형태로 돌아왔습니다. 변화가 있다면 돈의 크기가 커진 것이죠. 이윤을 벌어들여서 몸집이 커졌습니다. 자본가는 소기의 목적을 달성했죠.

　이제 생산과정에서는 무슨 일이 일어나는지 구체적으로 살펴봅시다. 계산의 편의를 위해 빵 생산에는 밀가루, 제빵기계, 노동자만 필요하다고 가정하죠. 노동자는 노동력LP을 제공하고 밀가루와 제빵기계는 생산수단MP 역할을 합니다. 본격적으로 계산하기 위해 이렇게 가정해보죠.

[수식1] **밀가루 1kg＝1노동시간**
(빵 1개에 필요한 밀가루의 양: 1kg)

[수식2] **제빵기계 1대＝10,000노동시간**
(제빵기계의 수명: 빵 10,000개 생산)

[수식3] **노동자의 일당**(8시간 노동)＝**빵 1개**
(생산성: 노동자 1명이 8시간 동안 빵 8개 생산)

학생… 갑자기 수식이 나오니까 머리가 아프네요. 제가 수학에 약하거든요. 안 그래도 고등학교 때 수학이 싫었는데 수식을 다시 보니까 마음이 답답합니다.

강사… 걱정하지 않아도 됩니다. 앞으로 나올 수학이라고 해봐야 덧셈, 뺄셈, 곱셈, 나눗셈이 전부입니다. 오늘 나올 가장 어려운 계산이 뭔지 아세요? 무려 3 곱하기 8입니다. 답이 뭐죠?

학생… 24입니다. 하하.

강사… 전혀 겁먹을 필요 없습니다. 계산도 제가 다 할 겁니다. 다만 오늘 설명하는 내용은 기존에 어디에서도 들어본 적이 없을 거예요. 내용이 생소할 수도 있고 결론을 접하면 무척 당황스러울 수도 있어요. 그저 열린 마음으로 찬찬히 계산 과정을 따라와 주기 바랍니다.

그러면 각 수식의 의미를 짚고 넘어가죠.

[수식1]   **밀가루 1kg =1노동시간**
(빵 1개에 필요한 밀가루의 양: 1kg)

이 식은 밀가루 1킬로그램이 1노동시간의 교환가치를 가진다는 의미인데, 풀어서 얘기하자면 밀가루 1킬로그램을 생산하는 데 사회적으로 필요한 노동시간이 1노동시간이라는 의미죠. 밀 씨앗 뿌릴 때 시간이 걸리고, 잡초 뽑는 데도 시간이 걸리고, 퇴비 주는 데도 시간이 걸리고, 추수하는 데도 시간이 걸리고, 탈곡하는 데도 시간이 걸리고, 낱알을 빻아서 가루로 만드는 데도 시간이 걸리죠. 이 모든 시간을 다 더한 다음 밀가루의 최종 생산량으로 나눠봤더니 밀가루 1킬로그램당 1시간이라는 결과가 나왔다는 뜻입니다.

[수식2] **제빵기계 1대=10,000노동시간**
(제빵기계의 수명: 빵 10,000개 생산)

이 식은 제빵기계 1대 만드는 데 10,000노동시간이 걸린다는 의미입니다. 제빵기계의 수명에 대한 언급이 있죠? 10,000개의 빵을 생산하면 기계가 수명을 다합니다. 더 이상 기계를 사용 못 한다는 얘기입니다.

[수식3] **노동자의 일당**(8시간 노동)**=빵 1개**
(생산성: 노동자 1명이 8시간 동안 빵 8개 생산)

이 식은 노동자가 출근해서 하루 8시간 일하고 빵 1개를 일당으로 받아간다는 뜻입니다. 생산성에 대한 언급도 있죠? 노동자가 하루 8시간 일하면서 빵을 8개 만든다는 의미입니다. 1시간에 1개 만드는 셈이죠.

자! 그러면 우선 이 빵공장에서 생산하는 빵 1개의 교환가치를 계산해볼까요? 빵 1개를 만드는 데 사회적으로 필요한 노동시간을 계산하면 되겠죠? 노동자는 빵 1개를 만들기 위해 밀가루 1킬로그램을 열심히 반죽한 후에 제빵기계에 넣고 열심히 조작하니 1시간 후 먹음직스러운 빵 1개가 나옵니다. 빵을 그런 방식으로 만드는 곳이 어디에 있냐고 따지고 싶은 분이 있을지도 모르겠네요. 이것은 어디까지나 계산을 편하게 하려고 상황을 단순화한 것이니 이해하기 바랍니다. 우선은 밀가루 1킬로그램이 빵에 고스란히 들어가죠? 그렇다면 밀가루 1킬로그램의 교환가치는 그대로 완성된 빵에 이전됩니다.

[수식4] 빵 1개의 가치 = 밀가루 1kg + ?

　빵을 만들기 위해서는 밀가루뿐만 아니라 제빵기계도 필요한데요, 그렇다면 제빵기계는 빵의 가치 형성에 어떻게 기여할까요? 밀가루는 소모된 만큼만 계산하면 되는데, 제빵기계는 빵을 만드는 과정에서 밀가루처럼 특정한 양이 소모되지는 않습니다. 오늘도 내일도 기계는 그 자리에서 열심히 돌아갈 뿐이죠.

　어떻게 계산해야 할지 막막한가요? 기계의 '수명'이라는 요소를 고려하면 어렵지 않게 계산할 수 있어요. [수식2]에서 빵 10,000개를 생산하면 기계의 수명이 다한다고 했습니다. 제빵기계 1대의 교환가치는 10,000노동시간이고요. 결국 제빵기계 1대가 보유한 10,000노동시간은 빵 10,000개에 그대로 옮겨졌다고 볼 수 있습니다. 그러면 빵 1개에 제빵기계의 교환가치가 얼마나 이전됐는지 쉽게 계산할 수 있습니다. 제빵기계 1대의 교환가치 10,000노동시간을 빵 10,000개로 나누면 1노동시간이 나오죠.

그렇습니다. 제빵기계는 빵 1개를 생산할 때마다 자신이 보유한 가치 10,000노동시간 중 1노동시간을 빵으로 옮깁니다. 그렇게 빵 10,000개를 생산하면 기계 수명이 다하겠죠. 이것을 일반적으로 **감가상각**이라고 합니다. 〔수식4〕의 물음표 부분 일부가 밝혀졌군요. 다음과 같이 되겠네요.

[수식5]   **빵 1개의 가치＝밀가루 1kg＋제빵기계의 감가상각＋?**

밀가루와 제빵기계가 빵의 교환가치 형성에 어떤 식으로 기여하는지는 이미 확인했습니다. 이들은 자신의 가치를 그대로 빵에 이전했죠.

이제 노동자의 노동력만 남았죠? 〔수식3〕에서 언급했듯이 노동자는 빵 1개를 만드는 데 1시간이 걸립니다. 이제 수식을 완성할 수 있겠네요.

[수식6]   빵 1개의 교환가치
        =밀가루 1kg+제빵기계의 감가상각+노동자의 1노동시간

그러면 구체적인 수치를 넣어서 계산해보도록 합시다.

[수식7]   빵 1개의 교환가치
        =1노동시간+1노동시간+1노동시간=3노동시간

〔수식3〕에 나와 있듯이 노동자는 하루에 8시간을 일하면서 빵 8개를 생산합니다. 빵 8개의 교환가치는 빵 1개의 가치에 8을 곱하면 되겠죠?

[수식8]   빵 8개의 교환가치=3노동시간×8=24노동시간

빵 8개의 교환가치는 밀가루 8킬로그램(8노동시간), 제빵기계의 감가상각(8노동시간), 그리고 노동자의 8시간 노동으로 이루어져 있죠. 이것은 앞의 계산 과정을 통해 쉽게 이해할 수 있습니다.

이윤은 어디에서 나올까

학생… 다행히 그렇게 어렵지 않네요. 수학이라기보다는 산수네요. 그래도 오랜만에 수식을 접하니 머리가 좀 아픕니다. 잠시 쉬었다 하면 어떨까요?

강사… 학생들 의견이 그렇다면 5분간 쉬도록 하죠. 그동안 화장실도 다녀오고 강의 내용을 한번 쭉 되새겨보세요.

(5분이 흐르고) 자, 어떤가요? 강의 내용을 좀 정리했나요? 그럼 다시 시작하겠습니다.

빵의 교환가치를 구성하는 요소에 뭐가 있었죠? 밀가루, 제빵기계, 노동자의 노동시간이었죠. 그런데 이 세 요소는 각각의 교환가치를 빵에 이전하는 방식에 큰 차이가 있습니다. 밀가루와 제빵기계는 자신의 교환가치를 빵에 그대로 이전합니다. 이를테면 밀가루 1킬로그램은 빵에 1노동시간의 교환가치를 이전하고, 밀가루 8킬로그램은 8노동시간의 교환가치를 이전하죠. 제빵기계도 제 감가상각만큼 교환가치를 빵에 이전합니다. 더도 말고 덜도 말고 딱 자기 교환가치만큼만 이전하죠.

그런데 자본가가 일당으로 빵 1개를 주고 고용한 노동자는, 교환가치를 빵에 이전하는 방식이 밀가루나 제빵기계 같은 생산수단과는 본질적으로 다릅니다. [수식7]을 보세요. 빵 1개의 교환가치는 3노동시간입니다. 하지만 일당으로 빵 1개를 받는 노동자는 3시간을 훨씬 넘겨 하루 8시간을 일합니다. 이 과정에서 노동자는 빵에 8노동시간에 해당하는 교환가치를 만들어냅니다. 노동자는 자신의 하루 노동력의 대가로 받은 빵 1개의 가치인 3노동시간보다 훨씬 많은 교환가치인 8노동시간의 교환가치를 만들어내는 '마술'을 부린 거죠.

드디어 자본주의 사회에서 이윤이 근본적으로 어디에서 나오는지를 알 수 있는 중요한 단서에 접근했습니다. 이를 구체적으로 계산하기 위해 다음과 같이 가정해봅시다!

[수식9] **1노동시간 = 10,000원**

화폐단위 10,000원은 1노동시간의 교환가치를 의미한다는 수식이죠. 예컨대 10만 원짜리 헤드폰은 그것을 만드는 데 사회적으로 필요한 노동시간이 10노동시간이라는 뜻이죠. 다시 식으로 돌아가죠.

$$M—C_{(LP,\ MP)}—P—C'—M'$$

지금까지 빵 만드는 생산과정을 장황하게 얘기했는데, 이 식에 서는 P(생산과정)에 해당합니다. 노동자는 8시간 일해서 하루에 빵 8개를 만들었습니다. 위의 식에서 P—C′에 해당합니다. P는 빵 을 만드는 생산과정을 표시한 것이고 C′은 생산과정을 통해 만들 어진 상품, 즉 빵을 표시한 것이니까요. 노동자가 하루에 만든 빵 8개의 교환가치는 [수식8]의 결과에서 알 수 있듯이 24노동시간 입니다.

이제 자본가는 생산과정을 통해 나온 빵을 시장에 내다 팔아 화 폐를 얻는 일만 남았습니다. C′—M′ 과정이죠. [수식9]의 가정을 적용하면 빵 8개를 판매해 24만 원의 화폐를 취득합니다. 빵 8개 의 교환가치는 24노동시간이니까요. 계산 결과를 식에 적으면 다 음과 같습니다.

$$M—C_{(LP, MP)}—P—C′—M′$$

C′ : 빵 8개=24노동시간
M′: 24만 원

노동자 1명이 하루에 빵 8개 생산하는 상황을 염두에 두고 식 의 나머지 부분도 계산해서 채워보겠습니다.

$M—C_{(LP, MP)}$는 초기 자본금으로 생산수단$_{MP}$과 노동력$_{LP}$을 구

입하는 상황을 나타냅니다. C(LP, MP)는 노동자 1명의 일당과 빵 8개를 만드는 데 들어가는 생산수단의 교환가치겠죠? 노동자 1명의 일당은 빵 1개입니다. 빵 1개의 교환가치는 3노동시간이므로 [수식9]의 가정을 적용하면 화폐로는 30,000원입니다. 밀가루 8킬로그램(8노동시간)과 제빵기계의 감가상각분(8노동시간)은 합치면 16노동시간입니다. 여기에 [수식9]를 적용하면 16만 원입니다. 따라서 M—C(LP, MP) 과정에서 필요한 초기 자본금 M은 '30,000+160,000=190,000', 즉 19만 원이 됩니다. 식에 반영하면 다음과 같습니다.

$$M — C(LP, MP) — P — C' — M'$$

M: 19만 원
C(LP, MP): 밀가루(8)+기계 감가상각(8)+노동력(3)=19노동시간
C': 빵 8개=24노동시간
M': 24만 원

C(LP, MP)—P는 구입한 생산수단과 노동력을 활용해 빵을 생산하는 과정을 나타낸 부분입니다. P—C'는 생산과정P을 거쳐 빵 8개c'가 나온 것을 표시한 것이죠. 빵 8개의 교환가치는 [수식8]의 계산대로 24노동시간입니다. C'—M'은 빵을 시장에서 판매해 화폐를 거둬들이는 과정입니다. 앞서 계산했듯이 24만 원의 화폐

를 얻습니다.

보시다시피 19만 원에서 출발한 돈이 24만 원이 됐습니다. 50,000원이나 늘었는데요. 이 50,000원은 자본가가 가져가는 이윤이죠. 그러면 이윤은 도대체 어디서 나온 걸까요? 한번 말해볼 학생 있나요?

학생… 밀가루나 기계는 생산과정에서 제 가치를 그대로 빵에 이전시키니까, 거기서 뭔가 새로운 가치가 나올 여지는 없는 것 같아요. 이윤은 노동력에서 나올 수밖에 없겠네요. 노동자는 빵 1개를 일당으로 받고 출근해서 하루에 8시간 일하는데, 그 8시간에서 일당으로 받은 빵 1개의 가치인 3노동시간을 제외하면 5시간이니까, 자본가가 가져가는 50,000원과 정확히 일치….

강사… 정확합니다! 노동자는 일당으로 빵 1개(30,000원)를 받지만 하루 8시간을 노동합니다. 이 과정에서 자신이 만든 빵 8개에 8노동시간의 교환가치를 추가합니다. 노동자가 빵에 추가한 8노동시간에서 일당으로 받은 3노동시간을 빼면 얼마가 나오나요? 학생이 얘기한대로 5노동시간이 나옵니다. 화폐로 따지면 50,000원이죠. 마르크스 《자본론》에 따르면 자본가가 챙겨가는 이윤은, 노동자가 받은 임금보다 더 많이 일하면서 발생합니다.

학생… 굉장히 신기한 분석인데요? 이런 얘기는 처음 들어봐요. 강의 첫 시간에 자본주의 사회의 착취 구조를 숫자로 증명할 수 있다고 하셨는데, 바로 이거였군요.

빵공장에서 100명의 노동자가 이런 근로조건으로 일한다면 1명당 50,000원씩 자본가가 이윤으로 챙겨가니까, 여기에 100명을 곱하면 하루에 500만 원씩 자기 몫으로 챙기는 게 되네요. 결국에는 자본가만 부자가 되는 구조군요. 노동자 100명이 하루에 8시간씩 일하는데 그중 5시간은 결국 자본가를 위해 일하는 셈이니까요. 솔직히 예전의 노예제 사회와 다를 것이 없는 것 같아요. 충격적입니다.

강사… 임직원 10만 명이 일하는 대기업이 있다고 합시다. 이런 방식으로 직원 1명당 1시간씩 빼앗을 수 있다면 하루에 총 몇 시간을 빼앗나요? 임직원이 10만 명이니 무려 10만 시간입니다. 누군가 나를 위해서 하루에 10만 시간씩 일을 해준다면 내가 부자가 되지 않을 방법이 있을까요? 물론 회사에서 만든 제품이 잘 팔린다는 전제가 필요하지만, 따지고 보면 노예 주인도 노예한테 시간을 빼앗았고, 봉건영주도 농노에게 시간을 빼앗았죠. 마찬가지로 《자본론》에 따르면, 자본주의 사회에서도 자본가가 노동자의 시간을 빼앗고 있다는 결론이 나옵니다.

잉여가치와 상품의 가치

학생… 자본주의를 이런 시각과 관점에서 볼 수 있다는 것은 전혀 생각해본 적이 없어서, 솔직히 지금 무척 혼란스러워요.

강사… 아직 얘기가 끝난 것이 아니니 차분하게 더 들어보세요. 불변자본과 가변자본이라는 새 개념을 소개해야 합니다.

앞서 언급한 밀가루, 제빵기계 등 소위 생산수단은 생산과정에서 자신의 교환가치를 그대로 상품에 이전합니다. 이런 생산수단을 구입하는 데 사용한 자본을 **불변자본**Constant Capital이라고 합니다. Constant의 앞 글자를 따서 C로 표시하죠. 상품Commodity의 C와 혼동하지 마세요. '불변Constant'이라는 단어에는 자신의 가치를 변화시키지 않고 그대로 이전한다는 의미가 담겨 있죠.

반면 노동자를 고용하는 데 사용한 자본은 **가변자본**Variable Capital이라고 합니다. 노동자는 자신이 받은 임금보다 더 많은 가치를 창출할 수 있기 때문에 '가변Variable'이라는 단어를 사용하는 거죠. 일당으로 빵 1개(3노동시간)를 받은 노동자가 하루 8시간을 노동해 8노동시간에 해당하는 교환가치를 창출하니까요. Variable의 앞 글자를 따서 V로 표시하죠.

노동자가 하루에 생산한 빵 8개의 교환가치를 불변자본과 가변자본 개념을 이용해 재구성해보겠습니다. 불변자본 C와 가변자본 V는 아래와 같습니다.

> **불변자본 C**
> =8노동시간(밀가루)+8노동시간(제빵기계의 감가상각)
> =16노동시간=160,000원
>
> **가변자본 V**
> =3노동시간(노동자의 하루 임금)=30,000원

자본가가 불변자본 C와 가변자본 V를 구입하는 데 든 비용은 초기 자본금M 19만 원이었죠. 생산과정을 거쳐서 나온 빵 8개의 가치는 다음과 같이 구성됩니다.

> **빵 8개의 가치**
> =밀가루 8kg(8노동시간)+기계 감가상각(8노동시간)+노동자의
> 8시간 노동(8노동시간)=24노동시간

이중에서 밀가루 '8kg(8노동시간)+기계 감가상각(8노동시간)' 부분은 불변자본에 해당하는 부분입니다. C(16노동시간)로 표시할

수 있겠죠.

> **빵 8개의 가치**
> =C(16노동시간)+**노동자의 8시간 노동**(8노동시간)=**24노동시간**

　노동자의 8시간 노동은 어떻게 분석할 수 있을까요? 노동자의 8시간 노동 가운데 3시간은 자신이 임금으로 받은 일당 30,000원에 해당하죠? 이 3시간을 임금, 즉 가변자본 V로 표시할 수 있습니다. 그러면 노동자의 8시간 노동은 V와 5노동시간으로 구성되겠죠.

> **빵 8개의 가치**
> =C(16노동시간)+V(3노동시간)+**5노동시간=24노동시간**

　이제 5노동시간만 남았습니다. 이 5노동시간이 노동자가 자본가에게 빼앗긴 시간, 즉 온전히 자본가의 이윤을 위해 일한 시간이죠. 이것을 **잉여노동**이라고 부르고 잉여노동을 통해 창출된 교환가치를 **잉여가치**Surplus Value라 부릅니다. 잉여가치는 Surplus의 앞 글자를 따서 S라고 쓰죠. 식에 적용하면 다음과 같습니다.

빵 8개의 가치

=C(16노동시간)+V(3노동시간)+S(5노동시간)=**24노동시간**

일반적으로 상품의 가치는 불변자본c, 가변자본v, 잉여가치s라는 세 요소로 구성됩니다. 중요한 내용이니 꼭 기억하세요.

상품의 가치=C(불변자본)+V(가변자본)+S(잉여가치)

임금은 노동력의 대가

학생… 방금 계산한 빵 8개의 경우만이 아니라, 일반 상품의 교환가치 모두가 이 세 요소로 이루어지는군요. 저는 이제까지 노동자가 받는 임금은 생산 현장에서 자신이 일한 만큼 받는다고 생각했어요. 자연스럽게 임금은 노동의 대가라고 생각했는데, 마르크스의 분석을 보니 노동자는 일한 만큼 임금을 받지 못하고 있네요.

강사… 방금 학생이 아주 중요한 얘기를 했습니다. 《자본론》에 따르면, 임금은 노동의 대가가 아닙니다. 임금은 노동의 대가가 아니라 **노동력의 대가**라고 분명하게 구분해 얘기하죠. 만약 임금이 노동의 대가라면 빵 8개를 만든 노동자는 30,000원이 아니라 80,000원을 받아야겠죠. 그런데 현실에서 그렇게 임금을 주면 자본가 입장에서는 이윤이 나지 않아요. 이윤이 나지 않으면 회사를 운영할 이유가 없겠죠. 이런 조건에서는 자본주의 시스템이 제대로 작동할 수 없습니다. 요컨대 자본주의 시스템이 제대로 작동하기 위해서는 '착취가 필수'라는 의미입니다.

방금 임금은 노동력의 대가라고 말했는데요. 노동자가 받는 임금은 결국 노동자가 자신의 노동력을 유지하기 위해 사회적으로 필요한 노동시간을 말합니다.

빵 만드는 노동자의 하루 8시간 노동 가운데 3시간만이 자신을 위한 노동이고 나머지 5시간은 자본가를 위한 노동이라는 사실을 마르크스는 잉여가치라는 개념으로 증명했습니다. 노예제 사회, 봉건제 사회가 착취 사회인 이유는 노예주와 봉건영주가 노예와 농노가 일한 결과물을 빼앗아 자신의 부를 축적했기 때문이죠. 자본가는 노동자가 생산한 잉여가치를 자신의 몫으로 가져간다는 점에서 결과적으로 노예주나 봉건영주와 다를 것이 없어요. 이것이 바로 자본주의 사회의 은폐된 착취 구조입니다.

이런 의미에서 '임금 노동자'는 현대판 '노예'라고 할 수 있겠죠. 다만 착취가 교묘하게 은폐되어 있기 때문에 우리는 **임금노예**로 살고 있으면서도 그 사실을 알지 못해요. 참으로 교묘한 시스템이죠. 자본주의 빈부 격차의 비밀은 바로 '시간 도둑질'에서 비롯한 것입니다.

학생… 우울해요. 대기업 회장은 엄청난 부자가 될 수밖에 없는 구조네요. 자기가 부리는 수많은 임금노예의 잉여노동이 자신의 수중에 들어올 테니까요. 자본가들이 누리는 부의 정체가 노동자들의 시간을 빼앗은 것이라니 너무 충격입니다.

학생… 그런데, 의문점이 있습니다. 착취를 계산하기 위해 가정한 수치들, 밀가루 1킬로그램이 1노동시간의 가치를 갖는다던가, 제빵기계가 10,000노동시간의 가치를 갖는다거나, 노동자의 일당이 빵 1개라는 수치들을 변경하면 결과가 달라지지 않을까요?

강사… 물론 수치를 바꾸면 착취당하는 시간도 바뀌겠죠. 하지만 착취 구조라는 본질은 바뀌지 않아요. 마르크스는 기본적으로 특정 상품이 갖는 가치는 그것을 생산하는 데 필요한 노동시간에 의해서 구성된다고 봤죠. 일하지 않는 자본가가 이윤이라는 딱지를 붙여 가치의 일부를 가져가기 위해서는, 결국 노동자의 시간을 빼앗는 방법밖에 없다는 결론에 도달합니다. 가치가 오직 노동에서 나오는데 노동하지 않는 사람이 이윤의 형태로 가치를 가져가려면, 노동자의 노동 일부를 빼앗아야 가능하니까요.

학생… 무슨 말씀인지는 이해했습니다. 그런데 실제 회사에서는 자본가도 일하지 않나요? 그리고 자본가는 위험을 감수하고 회사에 자기 재산을 투자했으니 그것도 감안해야 하지 않을까요?

강사… 물론 현실에서는 자본가도 일을 하죠. 하지만 자본가가 하는 일을 다른 누군가가 대체한다고 해서 그 사람에게 이윤을 모두 가져갈 권리를 주지는 않죠. 그래서 자본가도 노동을 한다는 이유가 이윤을 전부 가져갈 근거가 될 수는 없습니다. 결국 자본가는 회사를 소유하고 있다는 권리, 즉 소유권 때문에 이윤을 마음대로 처분할 권한이 있는 것이죠.

그러면 재벌 일가의 부를 《자본론》 관점에서 따져볼까요? 그들의 거대 자본은 창업주 때부터 수많은 노동자의 잉여노동을 착취해 쌓아온 것입니다. 자본가가 위험을 감수하고 투자했다는 거대 자본도, 사실 그 형성 과정을 따지면 과거 착취의 결과물이죠. 그저 노예제 사회에서는 노예를 부리는 것이 합법인 것처럼, 자본주의 사회에서는 자본 소유자가 이윤을 다 가져가는 것이 합법일 뿐입니다.

학생… 《자본론》관점에서는 그렇게 볼 수 있겠네요. 지금까지 전혀 접하지도 못했고 생각지도 못한 견해입니다. 설득력이 없다면 무시할 수 있을 텐데… 상당히 그럴듯한 분석입니다.

강사… 혼란스러운 것이 당연합니다. 지금까지 배웠던 내용을 정면으로 부정하는 얘기니까요. 강의를 더 진행하면 여러분 머리에 쥐가 날 것 같으니 슬슬 마무리해야겠습니다. 끝내기 전에 딱 하나만 더 얘기할게요.

빵 만드는 노동자의 하루 일당이 30,000원(3노동시간)이라는 의미를 다른 방향에서 생각해볼 수 있습니다. 노동자가 지금의 생활 수준을 유지하기 위해서는 하루에 3시간만 일해도 된다는 뜻이죠. 노동자 자신이 가져가는 몫은 자신이 일한 8시간 가운데 3시간뿐이니까요.

근로시간 단축 얘기가 나오면 자본가는 기업이 망한다고 아우성인데, 그렇지 않습니다. 19세기 영국에 공장법이 도입되어 노동시간이 단축될 때도 당시 영국 자본가들은 기업이 망한다고 난리쳤어요. 우리는 충분히 노동시간을 단축할 여력이 있습니다. 임금 감소 없이 노동시간을 단축하면 자본가가 가져가는 잉여노동만 감소할 뿐이죠. 자본가가 노동시간 단축에 이를 악물고 반대하는 이유는 자신의 이윤이 줄어들기에 동물적 감각으로 저항하는 것입니다. 사실 우리나라 노동자는 너무 장시간 일합니다. OECD 국가 가운데 제일 일 많이 하는 나라 아닙니까?

아무튼 이번 시간에는 이윤의 정체를 밝혔습니다. 이윤은 '빼앗긴, 착취당한 노동(잉여가치)'에서 나온다는 중요한 사실을 배웠습니다. 이것이 바로 그 유명한 **잉여가치론**입니다. 임금은 노동의 대가가 아니라 노동력의 대가라는 것도 알았죠. 오늘 다룬 내용은 마르크스《자본론》의 핵심이기 때문에 완전히 이해하지 못했다면 필히 복습하세요. 그래야 다음 단계로 넘어갈 수 있습니다.

왜 회사는
늦게 퇴근하는 것을
좋아할까요?

강사⋯ 지난 강의에서는 생산과정에서 이윤이 어떻게 창출되는지 공부했습니다. '잉여가치', '불변자본', '가변자본' 같은 단어의 의미가 기억나나요? 자본주의는 자본가가 노동자를 착취해서 돌아가는 사회임을 수학적으로 증명했죠. 이 내용에 충격받은 학생들도 적지 않을 것 같습니다.

학생⋯ 저는 경제학과 학생인데요. 전공 수업 시간에 미시경제, 거시경제 같은 주류 경제학만 공부하다가 교수님 강의에서 잉여가치론을 접하고 나서는 많이 혼란스러워요. 이제까지 제가 갖고 있던 생각이 뿌리부터 흔들립니다. 머릿속이 뒤죽박죽이에요. 하지만 흥미가 더 생겼어요.

학생⋯ 저는 성공해서 엄청난 부를 거머쥔 CEO들을 선망하고 존경했어요. 솔직히 저도 그런 CEO가 되고 싶고요. 그런데 마르크스 얘기가 옳다면 자본가가 엄청난 부를 소유할 수 있는 이유는 노동자를 착취하기 때문입니다. 이런 내용을 선뜻 받아들이기가 쉽지 않아요.

강사… 혼란스러운 마음을 충분히 이해합니다. 저도 그랬거든요. 대학생 때 《자본론》 내용을 이해한 후 큰 충격에 빠졌습니다. 하지만 《자본론》을 공부하면 할수록 다른 어떤 이론보다도 자본주의 사회의 모순과 갈등을 날카롭게 분석했다는 생각을 지울 수 없었죠. 지금부터 더 흥미진진할 거예요. 잉여가치론을 부여잡고 더 전진해볼까요?

오늘은 '절대적 잉여가치의 창출'에 대해서 공부하겠습니다. 용어가 좀 어렵죠? 자본가가 노동자로부터 더 많은 이윤을 뽑아내기 위해 취하는 행동 가운데 하나입니다. 강의가 끝날 무렵에는 충분히 이해할 수 있으니, 차근차근 알아봅시다.

필요노동과 잉여노동

강사… 오늘은 출연자가 있습니다. 바로 김개똥 씨입니다. 김개똥 씨는 제빵기술자로 빵공장에서 하루 8시간을 일하고 일당으로 빵 1개를 받습니다. 김개똥 씨의 하루 8시간 노동은 필요노동과 잉여노동의 두 요소로 나눌 수 있습니다.

> 김개똥 씨의 8노동시간
> =필요노동(3노동시간)+잉여노동(5노동시간)

'필요노동'이라는 생소한 단어가 등장했습니다. 설명해드리겠습니다. 김개똥 씨는 하루에 빵 1개를 일당으로 받는데, 빵 1개의 교환가치는 지난 강의 때 계산했죠? 3노동시간, 화폐로는 30,000원입니다.

> 김개똥 씨의 일당
> =빵 1개의 교환가치=3노동시간=30,000원

김개똥 씨는 하루 8시간을 일하는데, 그중 자신이 받은 일당에 해당하는 노동시간은 3시간입니다. 이 부분을 바로 **필요노동**이라고 부릅니다. 자본가의 이윤으로 전환되는 5노동시간은 **잉여노동**이라 하죠.

학생… 지난 시간에 노동자가 임금으로 받는 부분을 가변자본이라고 하시지 않았나요? 이번에는 필요노동이라고 하시니 좀 헷갈리네요. 무슨 차이가 있나요?

강사… 불변자본, 가변자본은 생산과정에서 가치가 생산물에 이전되는 방식을 기준으로 구분하는 개념입니다. 원료나 기계 같은 생산수단은 가치가 변하지 않고 상품에 고스란히 이전되니 불변자본이고, 노동력은 노동자의 임금보다 더 많은 가치를 생산물에 이전시키니 가변자본이라고 했죠. 반면 필요노동과 잉여노동이라는 개념은 노동자의 하루 노동시간 가운데 '임금에 해당하는 부분'과 '자본가의 이윤으로 전환되는 부분'을 구분하는 개념입니다.

학생… 그렇군요. 두 개념의 차이를 확실히 이해했습니다. 그런데, 하루에 8시간 일하고 3시간에 해당하는 부분만 일당으로 받으면, 저라면 화가 날 것 같은데요?

강사… 김개똥 씨는 하루 8시간 노동 가운데 자신을 위해 일하는 시간이 3시간밖에 안 된다는 사실을 알지 못합니다. 자신이 받는 일당은 하루 8시간 노동에 대한 대가라고 생각하겠죠. 《자본론》 강의를 들은 적이 없으니까요. 자본주의 사회에 사는 노동자 대부분은 임금이 '노동력'의 대가임에도 불구하고 '노동'의 대가라고 착각하고 있습니다. 임금은 대부분 후불제인데요. 한 달 꼬박 일하고 받는 월급을 한 달 일한 '노동의 대가'로 여기기 쉽습니다.

다시 본론으로 돌아가죠. 김개똥 씨가 일하는 회사인 '어리바리 제빵회사'는 일당 30,000원에 하루 8시간만 일을 시키고 정시에 퇴근시킵니다. 반면 김소똥 씨가 일하는 '무지막지 제빵회사'는 일당 30,000원에 하루 10시간씩 일을 시킵니다. 김소똥 씨는 늦게 퇴근하는 것에 불만이 많지만, 딱히 다른 기술도 없고 목구멍이 포도청이라 별수 없이 회사에 다닙니다.

자, 그럼 두 사람의 하루 노동시간 구성을 볼까요?

김개똥(어리바리 회사)의 경우

하루 8노동시간＝필요노동(3노동시간)＋잉여노동(5노동시간)

김소똥(무지막지 회사)의 경우

하루 10노동시간＝필요노동(3노동시간)＋잉여노동(7노동시간)

지금까지 계산하던 대로 10,000원이 1노동시간에 해당한다고 가정합니다. 김개똥 씨와 김소똥 씨 모두 일당으로 30,000원을 받기 때문에 필요노동은 3노동시간으로 동일하죠. 잉여노동은 김개똥 씨가 5노동시간인데 반해 김소똥 씨는 7노동시간입니다. 김소똥 씨가 다니는 무지막지 회사는 같은 일당을 주고 일을 더 많이 시키기 때문에 잉여노동 시간이 2시간 더 길겠죠.

무지막지 회사처럼 연장근로를 시키면 잉여노동이 증가해 자본가가 더 많은 이윤을 얻을 수 있다는 것은 직관적으로 쉽게 이해할 수 있습니다. 그렇다면 구체적으로 이윤이 어떻게 변화하는지 수식으로 계산해볼까요? 이전 강의 때에서 사용했던 수식을 다시 소환하겠습니다.

[수식1] **밀가루 1kg =1노동시간**
(빵 1개에 필요한 밀가루의 양: 1kg)

[수식2] **제빵기계 1대=10,000노동시간**
(제빵기계의 수명: 빵 10,000개 생산)

[수식3] **노동자의 일당**(8시간 노동)**=빵 1개**
(생산성: 노동자 1명이 8시간 동안 빵 8개 생산)

어리바리 회사의 김개똥 씨는 하루에 8시간을 일하며 빵 8개를 만들죠. 김개똥 씨가 만드는 빵 8개의 가치는 이렇습니다.

빵 8개의 교환가치
= 밀가루 8kg(8노동시간) + 제빵기계의 감가상각(8노동시간)
+ 노동자의 노동시간(8노동시간) = 24노동시간

무지막지 회사의 김소똥 씨는 하루에 10시간을 일하며 빵 10개를 만든다고 했죠. 김소똥 씨가 만드는 빵 10개의 가치를 계산하면 다음과 같습니다.

빵 10개의 교환가치
= 밀가루 10kg(10노동시간) + 제빵기계의 감가상각(10노동시간)
+ 노동자의 노동시간(10노동시간) = 30노동시간

이제 각 식을 불변자본c, 가변자본v, 잉여가치s로 재구성하겠습니다.

상품의 교환가치
= C(불변자본) + V(가변자본) + S(잉여가치)

이 식 기억하시죠? 잊어버렸다면 꼭 복습하세요.

[수식4]

빵 8개의 교환가치

= C(16노동시간) + V(3노동시간) + S(5노동시간) = **24노동시간**

김개똥 씨가 만든 빵 8개의 가치 가운데 불변자본 C(16노동시간)는 생산수단, 즉 밀가루와 제빵기계의 교환가치를 나타내죠. 가변자본 V(3노동시간)는 임금 부분을 나타냅니다. 잉여가치 S(5노동시간)는 자본가가 이윤으로 챙겨가는 몫이죠.

[수식5]

빵 10개의 교환가치

= C(20노동시간) + V(3노동시간) + S(7노동시간) = **30노동시간**

김소똥 씨가 만든 빵 10개의 가치 가운데 불변자본 C(20노동시간)는 생산수단, 즉 밀가루와 제빵기계의 교환가치를 나타냅니다. 마찬가지로 가변자본 V(3노동시간)는 임금 부분을 나타내죠. 잉여가치 S(7노동시간)는 자본가가 이윤으로 챙겨가는 몫이겠죠.

학생들… 음….

노동시간을 연장하면 자본가의 이윤 증가

강사… 이쯤에서 이윤율이라는 개념을 소개하겠습니다.

$$이윤율 = \frac{이윤}{투하자본} = \frac{S}{C+V}$$

분모에는 C(불변자본)와 V(가변자본)를 더한 값이 있고 분자에는 S(잉여가치)가 있습니다. 왜 C+V는 분모에 있고, S는 분자에 있으며, 무슨 이유로 이 식을 이윤율이라고 부를까요?

자본가 입장에서 불변자본 C는 생산수단을 구입하는 데 쓴 설비투자비입니다. 가변자본 V는 인건비이죠. 설비투자비와 인건비를 합한 C+V는 자본가 입장에서 '투하자본 총액'입니다. 잉여가치 S는 자본가가 가져가는 이윤이고요.

결국 **이윤율**은 투하자본 대비 이윤이 어느 정도 발생하는지를 나타내는 개념입니다. 자본가에게 아주 중요한 개념이겠죠?

학생들… 아~!

강사… 이제 이윤율 식으로 어리바리 회사와 무지막지 회사의 이윤율을 각각 계산해보죠. 어리바리 회사와 무지막지 회사 모두 직원을 100명씩 채용하고 있다고 가정합시다.

어리바리 회사는 직원이 100명이고 하루에 8시간씩 일하니, 직원 1명당 빵 8개를 생산하며 100명이 하루에 빵 800개를 만듭니다. 빵 800개의 교환가치를 C, V, S 형태로 재구성하면 다음과 같습니다. 김개똥 씨의 경우에 해당하는 〔수식4〕에 100을 곱하면 되겠죠.

빵 800개의 교환가치

= C(1,600노동시간) + V(300노동시간) + S(500노동시간)

= 2,400노동시간

C, V, S의 수치를 이윤율 식에 넣고 계산하면 다음과 같습니다. 물론 단순하게 김개똥 씨 한 명만을 놓고 계산해도 같은 결과가 나오겠지만, 100명이 일하는 것을 상정하고 계산하는 것이 더 현실적이죠.

$$어리바리\ 회사의\ 이윤율 = \frac{S}{C+V} = \frac{500}{1,600+300} = \frac{5}{19} \simeq 26.3\%$$

원래 마르크스의 이윤율 정의대로 어리바리 회사의 이윤율을 계산하면 다음과 같다.

$$\frac{S}{C+V} = \frac{500}{1,000,000+800+300} = \frac{5}{10,011} \simeq 0.05\%$$

분모에 있는 1,000,000은 노동자 100명이 사용하는 기계 100대의 교환가치(100×10,000=1,000,000)이고 800은 밀가루의 교환가치이다. 《자본론》에서는 이윤율을 계산할 때 생산에 투입된 기계 전체의 가치를 수식에 그대로 반영한다. 분모의 투하자본은 특정 생산기간에 발생하는 기계의 감가상각을 의미하는 것이 아니라 생산에 사용된 설비 전체를 의미하기 때문이다. 이 책에서는 기계의 감가상각에 해당하는 800을 이윤율 계산에 적용했다. 계산의 편의와 매끄러운 내용 전개를 위해서 기계를 밀가루처럼 소모품으로 가정하고 계산했다.

무지막지 회사는 직원이 100명이고 하루에 10시간씩 일하니, 직원 100명이 하루에 빵 1,000개를 만들겠죠. 빵 1,000개의 교환가치를 C, V, S 형태로 재구성하면 이렇습니다. [수식5]에 100을 곱하면 쉽게 구할 수 있죠.

빵 1,000개의 교환가치
=C(2,000노동시간)+V(300노동시간)+S(700노동시간)
=3,000노동시간

이윤율을 계산하면 다음과 같습니다.

$$\text{무지막지 회사의 이윤율} = \frac{S}{C+V} = \frac{700}{2,000+300} = \frac{7}{23} \simeq 30.4\%$$

학생… 역시 무지막지 회사의 이윤율이 4퍼센트 정도 더 높네요. 왜 그렇게 회사에서 직원들 야근시키려고 안달인지 알겠어요. 노동자가 더 오래 일할수록 자본가는 더 많은 이윤을 얻게 되니 그렇군요.

절대적 잉여가치의 창출

강사… 번거롭게 이윤율을 계산하지 않아도 직관적으로 알 수 있는 사실이죠. 똑같은 임금을 주면서 일을 더 시키면 잉여노동이 증가해서 자본가의 몫(이윤)이 늘어나는 것은 자명합니다. 그런데 비극은 여기에서 그치지 않습니다.

어리바리 회사와 무지막지 회사는 둘 다 빵을 만드는 회사이기 때문에 시장에서 경쟁 관계입니다. 노동자 입장에서는 무지막지 회사보다 어리바리 회사가 일하기에 더 좋겠죠. 그렇다면 타 업체와 경쟁하는 회사의 입장은 어떨까요?

이윤율 계산을 통해 확인했듯이 무지막지 회사는 노동자에게 연장근로를 시켜서 어리바리 회사에 비해 더 많은 이윤을 창출합니다. 추가로 확보한 이윤으로 광고도 하고 연구에 투자해서 빵의 품질을 향상시키죠. 어리바리 회사와의 경쟁에서 우위에 서고, 마침내 '시장쟁탈전'에서 승리합니다. 경쟁에서 패배한 어리바리 회사는 문을 닫습니다. 프로야구에서도 감독들 사이에 이런 말이 있다고 하죠. "사람 좋으면 성적은 꼴찌!"

자본주의 시장경제에서는 기업들 사이에 경쟁이 치열합니다. 총만 안 들었지 사실상 전쟁이나 다름없죠. 무지막지 회사처럼 이윤을 극대화하기 위해 모든 역량을 집중하지 않는다면 시장점유율 경쟁에서 경쟁사에 뒤처집니다. 결국 자본주의 약육강식 생태계에서는 회사가 생존하려면 노동자를 더욱 쥐어짜야 한다는 암울한 결론으로 이어집니다.

이런 걸 보면 자본가가 끊임없이 이윤을 추구하고 노동자를 쥐어짜는 것은 단순히 더 많은 돈을 벌고 호의호식하기 위해서만이 아니라는 것도 알 수 있습니다. 그렇게 하지 않으면 자본주의 시장 경쟁에서 도태되기 때문입니다. 자연스럽게 자본가의 인간성은 자본의 무한한 탐욕을 닮게 되겠죠.

학생… 교수님, 섬뜩해요. 인간성이 나쁜 일부 자본가가 노동자를 착취한다기보다는, 자본가 역시 시장의 경쟁에서 살아남기 위해 노동자를 쥐어짤 수밖에 없다는 결론이네요. 너무 숨 막히는 현실이군요. 주류 경제학에서는 전혀 이렇게 설명하지 않아요. 《자본론》의 분석을 보니, 가면 뒤에 가려진 자본주의의 민낯이 그대로 드러나는 것 같아요.

강사… 누가 그러더군요. 경제학은 '우울한 학문'이라고…. 아무튼 절대적 잉여가치의 창출이 무엇을 의미하는지 알겠죠? OECD 최장 근로시간으로 유명한 대한민국의 국민이기 때문에 더욱 와 닿는 내용일지도 모르겠습니다.

　이처럼 노동자의 근로시간을 연장해서 잉여가치의 절대량을 늘리는 행위를 **절대적 잉여가치의 창출**이라고 합니다.

학생… 그런데 혹시 '상대적 잉여가치의 창출'이란 것도 있나요? 왠지 '절대적'의 반대 개념도 있을 것 같아서요.

강사… 하하. 바로 다음 시간에 공부할 내용입니다.

생각해보기

- 필요노동과 잉여노동을 설명해봅시다.
- 이윤율을 계산하는 식을 쓰고 그 의미를 설명해봅시다.
- 임금은 그대로인 상태로 노동시간을 연장하면 왜 이윤율이 상승할까요?
- 왜 자본가는 노동자를 끝없이 쥐어짜려고 할까요?
- 절대적 잉여가치의 창출의 의미를 설명해봅시다.

기술이 발전할수록
더 착취당한다고요?

강사… 자본가는 이윤의 원천인 잉여가치를 더 많이 뽑아내기 위해서, 또 시장에서 다른 자본가와의 경쟁에서 살아남기 위해서, 노동자에게 장시간의 노동을 강요하게 된다는 사실을 알았습니다. 자본가가 노동자의 근로시간을 연장해서 자본가의 몫, 즉 잉여가치의 절대량을 늘리는 행위를 절대적 잉여가치의 창출이라고 정의했죠.

오늘은 지난 시간에 얘기했던 대로 상대적 잉여가치의 창출에 대해서 공부해보겠습니다. 앞서 등장했던 어리바리 회사의 제빵 노동자 김개똥 씨를 기억하시죠? 이 친구는 하루에 8시간을 일하는데, 필요노동은 3노동시간이며 잉여노동은 5노동시간이었죠.

김개똥 씨의 하루 노동시간

8노동시간=필요노동(3노동시간)+잉여노동(5노동시간)

김개똥 씨가 다니는 어리바리 회사의 사장은 무지막지 회사가 노동자에게 하루 10시간 노동을 시켜서 더 많은 이윤을 내는 것을 보고는 마음을 독하게 먹었습니다. 무지막지 회사와 경쟁해 이기기 위해서 어리바리 회사의 사장은 근로시간을 3시간 더 연장하도록 지시했습니다. 물론 임금은 그대로 두고요. 김개똥 씨의 하루 노동시간은 8시간에서 11시간으로 늘어나겠죠. 임금은 그대로이니 필요노동은 3노동시간 그대로이고, 잉여노동은 3시간 늘어난 8노동시간이 됩니다.

늘어난 김개똥 씨의 하루 노동시간

11노동시간 = 필요노동(3노동시간) + 잉여노동(8노동시간)

잉여노동이 8시간으로 늘어나니 어리바리 회사의 이윤 역시 그만큼 증가합니다. 이것이 절대적 잉여가치의 창출이라고 했죠. 늦게 배운 도둑질이 밤새는 줄 모른다고 어리바리 회사 사장은 잉여노동 부분을 가능한 최대로 늘리고 싶었습니다.

"하루에 30시간씩 일하시오!"

어리바리 회사의 사장은 아마도 이렇게 얘기하고 싶을 겁니다. 하지만 아쉽게도 하루는 24시간이죠.

"흠, 그래? 그러면 하루에 24시간 일을 시키자!"

저런, 오버하시는군요! 잠도 안 재우고 일시키면 노동자들이 병들어서 죽습니다.

"그럼, 잠만 8시간 자고 하루에 16시간씩 일하면 되겠네!"

상대적 잉여가치의 창출

학생⋯ 사람이 무슨 짐승도 아니고 어떻게 그렇게 일할 수 있나요? 비현실적인 얘기네요. 그런 자본가가 있겠어요?

강사⋯ 비현실적이죠? 참으로 비인간적이고 반인류적이죠. 그런데 현실이었습니다. 자본주의가 태동하던 시기에 세계 곳곳에서는 장시간 일을 시키는 것이 다반사였습니다. 《자본론》에는 영국 산업혁명기의 노동 착취 사례들이 나오는데요, 과연 이것이 사람이 할 짓인가 싶을 정도로 상상을 초월하더군요.

일하기 싫어서 도망간 사람을 잡아다가 낙인을 찍기도 하고, 여섯 살 정도밖에 안 된 아이들을 공장에 밀어넣고 하루에 16시간씩 일을 시키기도 했습니다. 에디슨이 전등을 발명하기 전에는 노예들조차 해가 지면 어두워서 쉬었다고 하죠. 그런데 전등 '덕택에' 야근에 철야 업무까지 가능해졌습니다.

요즘은 노동자들이 노동조합을 결성해 투쟁하기도 하고, 법과 제도에 노동자들의 요구가 반영되기도 하죠. 산업혁명 초기 수준의 극심한 노동 착취는 많이 근절되긴 했습니다. 대다수 나라에서는 노동법으로 하루 노동시간을 제한하고, 불가피하게 초과할 경우 할증된 임금을 지급하도록 규제하죠.

이 탓에 절대적 잉여가치의 창출은 장벽에 부딪혔습니다. 무작정 장시간 근로를 강요하기 힘들어졌죠. 그러나 잉여가치를 늘릴 수 있는 다른 방법이 있습니다. 그게 바로 **상대적 잉여가치의 창출**입니다. 어떻게 가능할까요?

어리바리 회사의 사장은 노동법에 하루 노동시간이 8시간으로 제한되어 있음을 알고 한숨을 내쉬었습니다.

"이놈의 세상은 내가 돈 좀 벌자는데 왜 이렇게 방해만 하는 거야?"

여러분이 어리바리 회사의 사장이라면 하루 노동시간이 8시간으로 한정되어 있는 상황에서 어떻게 잉여노동을 늘릴까요?

8노동시간=필요노동(3노동시간)+잉여노동(5노동시간)

학생… 8시간이라는 노동시간을 더 늘릴 수 없다면, 잉여노동을 늘릴 유일한 방법은 필요노동시간을 줄이는 것뿐이네요. 3시간인

필요노동을 2시간으로 줄이면 잉여노동이 5시간에서 6시간으로 늘어납니다.

강사… 맞습니다. 그렇다면 필요노동시간을 줄이기 위해서 자본가는 구체적으로 어떤 조치를 취할까요?

학생… 흠… 그러니까요, 필요노동은 하루 노동시간 가운데 노동자가 일당으로 받은 만큼에 해당하는 노동시간이니까, 필요노동시간이 줄어든다는 것은 결국 노동자의 임금이 줄어든다는 얘기가 되겠네요. 그러면, 자본가가 임금을 삭감한다는 얘기가 되나요? 임금을 줄이면 자본가가 가져가는 몫이 더 커질 테니까요.

강사… 이론상으로는 그렇죠. 그런데 어떤 기업에서 별다른 이유도 없이 직원 임금을 삭감하는 것이 가능할까요? 가령 필요노동을 3시간에서 2.5시간(2시간 30분)으로 줄이는 경우를 생각해보죠.

8노동시간＝필요노동(2.5노동시간)＋잉여노동(5.5노동시간)

이렇게 하면, '크크크, 역시 난 똑똑해!'라고 어리바리 회사의 사장은 생각할지도 모르겠습니다. 그런데 필요노동시간을 2.5시간으로 줄이면 일당이 30,000원에서 25,000원으로 삭감된다는 의미입니다. 갑자기 이렇게 큰 폭으로 임금을 삭감한다면 노동자들이 크게 반발하겠죠. 그렇기 때문에 회사가 부도 위기에 처했다든지, 그에 준하는 급박한 상황이 있지 않고서는 일반적으로 임금 삭감이라는 조치는 현실적이지 못합니다.

학생… 그렇다면 필요노동시간을 줄여서 잉여가치를 창출하는 것은 사실상 불가능한가요?

강사… 그렇지 않습니다. 여러분이 미처 생각하지 못한 방식이 있습니다. 그것을 배우는 것이 오늘 강의의 목표이고요.

우리가 지금은 일당을 30,000원으로 얘기하고 있지만, 처음에는 일당으로 빵 1개를 지급한다고 가정했죠? 기억날 겁니다. 빵 1개의 교환가치가 3노동시간이었고 그것을 화폐로 전환하면 30,000원이었죠. 지금부터 다시 일당을 빵 1개로 가정해서 설명하겠습니다. 이렇게 설명하는 쪽이 이해하기에 더 쉬워요.

우리는 지금까지 빵 1개의 교환가치가 3노동시간이라고 가정했습니다. 하지만 빵 1개의 교환가치가 항상 고정불변의 상수일까요? 빵 1개의 교환가치란 빵 1개를 생산하는 데 사회적으로 필요한 노동시간입니다. 제빵업체들은 서로 경쟁하면서 새로운 제

빵 기술을 연구하고 개발해 도입합니다. 새로운 기술과 기계를 도입하면 빵 생산에 어떤 변화가 일어날까요?

구체적인 사례를 통해 알아보죠. 앞서 계산했던 빵 1개의 교환가치는 다음과 같습니다.

> **빵 1개의 교환가치**
> **= 밀가루 1kg**(1노동시간)**+제빵기계의 감가상각**(1노동시간)
> **+노동자의 노동시간**(1노동시간)**=3노동시간**

어느덧 기술이 발전해 성능 좋은 제빵기계가 개발되었습니다. 대다수 제빵회사가 이 제빵기계를 생산라인에 배치했죠. 새 제빵기계의 교환가치는 기존 제빵기계와 동일하게 10,000노동시간이며 빵 10,000개를 만들면 수명을 다하는 점도 같습니다. 유일한 차이점은 새 기계를 사용하면 노동자가 하루에 8시간을 일했을 때 빵 16개를 생산할 수 있다는 점입니다. 1시간에 빵을 2개씩 생산할 수 있다는 뜻이죠. 기존 기계는 1시간에 빵을 1개만 생산했으니 확실히 성능이 좋아졌죠? 노동자가 하루 8시간 동안 새 기계로 생산한 빵 16개의 교환가치를 계산하면 이렇습니다.

$$빵\ 16개의\ 교환가치$$
$$=밀가루\ 16kg\text{(16노동시간)}+제빵기계의\ 감가상각분\text{(16노동시간)}$$
$$+노동자의\ 8시간노동\text{(8노동시간)}=40노동시간$$

빵 16개 생산에 밀가루 16킬로그램이 들어가기 때문에 16노동 시간의 교환가치가 이전되죠. 새 제빵기계의 수명은 기존 기계와 같기 때문에 빵 16개에 이전된 감가상각분은 16노동시간이고요. 노동자는 8시간을 일해서 빵 16개를 만들었기 때문에, 노동자가 빵 16개에 이전한 교환가치는 8노동시간입니다. 이를 더하면 빵 16개의 교환가치는 40노동시간이 됩니다.

빵 1개의 교환가치는 [수식1]의 좌변과 우변을 16으로 나누면 간단히 구할 수 있습니다.

$$빵\ 1개의\ 교환가치$$
$$=밀가루\ 1kg\text{(1노동시간)}+제빵기계의\ 감가상각분\text{(1노동시간)}$$
$$+노동자의\ 0.5시간노동\text{(0.5노동시간)}=2.5노동시간$$

기존 기계를 이용하면 빵 1개를 만드는 데 사회적으로 필요한 노동시간이 3노동시간이었지만, 새로운 기계를 사용하니 2.5노동 시간이 되어 0.5시간 단축됐습니다. 기술 발전으로 빵 1개를 생산하는 데 사회적으로 필요한 노동시간이 줄어든 것이죠. 이런 조건에서 여전히 노동자에게 일당으로 빵 1개를 지급하면 기존 기계를 사용할 때와 비교해 무엇이 바뀔까요?

학생… 예전과 똑같이 일당으로 빵 1개를 지급하더라도 필요노동은 2.5노동시간으로 줄어들겠네요. 기존 기계를 사용할 때보다 필요노동이 0.5시간 줄어드는 효과를 낳는군요. 빵 1개를 받는다는 사실에는 변화가 없으니 삶의 질이 후퇴하지는 않고요. 노동자 입장에서는 여전히 빵 1개를 받으니 임금이 삭감되었다고 느끼지 않겠네요.

강사… 하하하. 제가 할 얘기를 다 하면 저는 어떡하나요? 여기에서는 빵 하나만 예를 들어서 설명했지만, 기술 발전으로 생산력이 증가하면 빵뿐 아니라 비누, 수건, 치약, 칫솔 등 다양한 생활필수품의 교환가치가 감소합니다. 해당 상품을 만드는 데 사회적으로 필요한 노동시간이 단축될 테니까요. 여하튼 빵 1개의 교환가치가 2.5노동시간으로 감소하면서 하루 8시간의 노동에서 필요노동시간이 줄어들고 잉여노동시간이 늘어납니다.

8노동시간=필요노동(2.5노동시간)+잉여노동(5.5노동시간)

필요노동이 3노동시간에서 2.5노동시간으로 0.5시간 단축되었음에도 불구하고 김개똥 씨는 이전과 변함없이 빵 1개를 일당으로 꼬박꼬박 받고 있습니다. 생산력 발전으로 빵의 교환가치가 하락했기 때문에 가능한 일이죠. 잉여노동은 5노동시간에서 5.5노동시간으로 증가해 자본가의 이윤이 늘어납니다. 바로 이런 방식으로 '상대적 잉여가치'가 창출됩니다.

생산력 발달과 상대적 잉여가치

학생··· 생산력이 발달해 TV, 세탁기, 컴퓨터, 휴대전화 같은 생활필수품의 교환가치가 하락하면 '상대적 잉여가치'를 창출할 수 있는 조건이 형성되는 거네요.

강사··· 그렇죠. 수십 년 전에는 TV나 세탁기는 부잣집에만 있는 사치품이었어요. 그런데 생산력 발전으로 TV나 세탁기를 생산하는 데 필요한 노동시간이 극적으로 줄어들어, 이제는 누구나 구매할 수 있는 생활필수품이 됐습니다.

학생… 교수님, 일당으로 받는 빵 1개의 교환가치가 3노동시간에서 2.5노동시간이 된다는 것은, 화폐로 환산했을 때 임금이 30,000원에서 25,000원으로 줄어드는 거 아닌가요? 1노동시간을 10,000원으로 가정했으니까요. 그런데 실생활에서는 이렇게 임금이 삭감되는 일은 찾아보기 힘들지 않나요? 임금의 변화 추이를 보면 오히려 꾸준히 오르는 것 같거든요.

강사… 필요노동시간의 감소를 체감하기 힘든 이유가 있습니다. 기술의 발전은 하룻밤 사이에 이뤄지지 않습니다. 긴 기간에 길쳐 기술이 발전하면서 점진적으로 필요노동시간이 감소하죠. 같은 기간 동안 화폐가치 역시 끊임없이 변합니다. 제가 어릴 때 핫도그 1개의 가격이 50원이었습니다. 그런데 지금은 2,000원 정도 하죠? 그동안 화폐 가치는 하락하고 물가는 꾸준히 상승해 핫도그의 명목가격이 40배로 뛴 거죠.

임금이 꾸준히 상승하는 것처럼 보여도 물가상승까지 감안하면 상황이 달라질 수 있습니다. 필요노동시간이 감소하면 노동자의 몫이 줄고 자본가의 몫이 늘어나므로 빈부 격차가 더 극심해지는 결과를 낳죠. 과거와 비교해 빈부 격차가 심해졌다는 통계자료가 많은데요, 생산력 발전으로 인한 필요노동시간의 감소도 빈부 격차의 심화에 영향을 끼쳤을 것으로 보입니다.

학생… 아, 여러 요소가 연결되어 영향을 미치다 보니 명확하게 보이지 않는 거네요.

강사… 네. 세상일이 단순하지 않죠. 한 가지 더 언급하자면, 새로운 기술은 초기에 특정한 기업이 독점적으로 활용하다가 점차 보편화하는 경향이 있습니다.

예컨대 무지막지 회사에서 새 제빵기계를 개발해 빵을 생산합니다. 이 기계를 사용하면 빵 1개를 만드는 데 2.5시간이 소요됩니다. 하지만 다른 회사들은 여전히 빵 1개를 생산하는 데 3시간이 소요됩니다. 이런 조건에서 무지막지 회사에서 만든 빵 1개의 교환가치는 2.5노동시간일까요? 그렇지 않습니다. 3노동시간이죠. 왜 그럴까요?

새 기술은 무지막지 회사만 보유하고 있습니다. 빵 1개를 생산하는 데 사회적으로 필요한 노동시간은 여전히 3노동시간입니다. 무지막지 회사만 '특별한' 경우에 해당하죠. 그래서 무지막지 회사가 만든 빵 1개의 교환가치도 여전히 3노동시간이에요. 이런 이유로 '시간'과 '노동시간'이라는 단어를 구별해서 사용해야 합니다. 기억하시죠?

무지막지 회사는 1개당 2.5시간 걸려서 만든 빵을 다른 회사와 똑같이 1개에 30,000원에 판매합니다. 이 과정에서 무지막지 회사는 5,000원의 '특별한' 이윤을 얻게 되죠. 빵 1개에 2.5시간을 걸려 만들었으니까요. 이렇게 기술을 독자적으로 보유한 시기에 얻을 수 있는 초과이윤을 **특별잉여가치**라고 부릅니다.

나아가 무지막지 회사는 새로운 기술 덕분에 자사 상품 가격을 현재 시장에 형성된 가격보다 낮출 수 있는 여력이 생깁니다. 무지막지 회사의 사장은 선택할 수 있겠죠. 가격을 똑같이 책정해서 초과이윤 5,000원을 얻을 수도 있지만, 가격을 29,000원으로 내려서 경쟁력을 높일 수도 있습니다. 더군다나 가격을 1,000원 낮추더라도 여전히 4,000원의 초과이윤이 발생하기 때문에, 마음만 먹으면 가격을 더 낮출 수도 있고요.

무지막지 회사의 사장은 가격 인하를 선택했습니다. 경쟁 업체들은 비상이 걸렸습니다. 손해를 감수하더라도 무지막지 회사와 경쟁하기 위해 가격을 1,000원 낮추던지, 시장점유율을 무지막지 회사에 내주고 패배하든지… 선택의 기로에 섭니다. 문제를 근본적으로 해결하기 위해서는 무지막지 회사가 보유한 기술을 확보해야겠죠. 경쟁 과정에서 일부 기업은 도태되지만, 살아남은 기업들은 무지막지 회사와 동등한 기술력을 갖추게 됩니다. 결국 새로운 기술은 보편화하고, 결과적으로 빵 1개를 만드는 데 사회적으로 필요한 노동시간은 2.5노동시간이 됩니다. 이처럼 경쟁을 통해 도입된 새로운 기술은 상품을 만드는 데 사회적으로 필요한 노동시간을 단축시키고 상대적 잉여가치의 창출을 가능하게 합니다.

기계의 자본주의적 사용

학생… 자본가들 사이의 경쟁을 통해 새로운 생산기술이 보편화하고 상품의 교환가치를 하락시켜 상대적 잉여가치가 창출되는 거네요. 그런데 생산력 발달로 상품 가치가 하락하는 것은 좋은 일 아닌가요? 노동자 입장에서는 더 싼 가격에 상품을 구매할 수 있으니까요.

강사… 그렇죠. 생산력이 발달한다는 얘기는, 결국 수고를 덜 들이고도 더 많은 재화를 만들어낼 수 있다는 의미니까요. 생산력이 증가하는 만큼 노동자의 임금도 같은 비율로 상승한다면 빈부 격차가 더욱 심해지는 일은 일어나지 않겠죠.

하지만 앞서 언급했듯이 갈수록 빈부 격차가 심해지는 것을 보여주는 통계자료가 많습니다. 생산력이 증가해도 그 혜택이 노동자의 임금보다는 자본가의 이윤 쪽으로 '상대적으로' 더 쏠리고 있다는 얘기죠. 오늘 배운 용어를 사용해서 말하면, 기술 발전에 의한 생산력의 증가가 상대적 잉여가치의 창출로 귀결되는 것이죠. 19세기에 살았던 마르크스가 《자본론》에서 이런 분석을 하고 있으니 참으로 놀랍지 않나요?

다시 기술이 더욱 발달해서 이제 빵 1개의 교환가치가 1노동시간이 되었다고 가정합시다. 하루 8시간 일하고 일당으로는 빵 2개를 받고요. 예전에 빵 1개 받을 때보다 삶의 질이 두 배로 나아졌죠. 하지만 필요노동시간은 오히려 2노동시간으로 감소했습니다. 빵 2개의 교환가치가 2노동시간이 되니까요. 반면 잉여노동시간은 6시간으로 늘어났습니다. 생활필수품의 가치가 하락하는 현상은, 노동자의 삶의 질이 '절대적으로' 개선됨에도 불구하고 계층 간의 '상대적' 빈부 격차를 심화합니다.

학생⋯ 놀라워요. 기술 발달로 생산력을 증가시킨 결과가 오히려 착취를 강화하는 꼴이 된다니⋯. 갈수록 빈부 격차가 커지는 현상을 이렇게 설명할 수 있다는 점이 참 신기하네요.

사실 저는 '기술이 발전한다고 인간이 더 행복해질까' 하는 의구심이 있었어요. 정보통신 기술이 발달하면 뭐합니까? 회사에서 CCTV 달아놓고 노동자들의 일거수일투족을 통제하잖아요. 컨베이어 벨트는 노동자를 생산 설비의 부속품으로 만들어버렸죠. 또 개발이라는 명목으로 인간이 자행하는 환경 파괴 행위를 보면 경악할 정도입니다. 기술이 발달해 도리어 사람의 삶에 여유가 더 없어졌어요. 가끔 스마트폰이 없으면 좋겠다는 생각도 들어요. 기술 발달이 과연 좋은 것인지 의문입니다.

학생… 그래도 기술 발달로 생산력이 증가해서 사람들의 삶이 더 풍요로워지지 않았나요? 물론 지금도 세계 곳곳에 굶어죽는 아이들이 있다고는 하지만, 어쨌든 기술은 어떻게 쓰느냐에 따라서 독이 될 수도, 약이 될 수도 있다고 생각해요.

강사… 마르크스는《자본론》에서 **러다이트 운동**Luddite Movement 예를 들어 기술에 대한 자신의 입장을 설명합니다. 영국에 기계가 처음 도입되었을 때 많은 숙련 노동자가 일자리를 잃었죠. 화가 난 숙련공들이 조직적으로 기계를 파괴하는 운동을 벌였는데, 이것이 그 유명한 러다이트 운동입니다.

마르크스는 숙련공들이 화가 난 것은 충분히 이해하지만 분노를 표출할 대상을 잘못 짚었다고 지적합니다. 마르크스는 기계를 '자본주의적'으로 사용하기 때문에 문제가 발생한다고 봤습니다. 기계 자체는 인류를 고통스러운 노동으로부터 해방시켜줄 수 있는 좋은 수단이 될 수 있어요. 하지만 기계를 자본가의 이윤 추구 도구로 사용하는 순간, 노동자는 기계의 부속품으로 전락해 단순 반복 직무를 수행하게 될 뿐이죠. 밤새 돌아가는 기계의 리듬에 맞춰 철야 근무를 해야 하니까요. 마르크스는 숙련공들이 기계를 파괴하기보다는 기계를 자본주의적으로 사용하는 '자본가'들에 맞서 투쟁했어야 한다고 봤습니다.

학생… 생각해보니 제가 기술 자체에 대한 거부감이 있었던 것 같습니다. 기술은 활용하기에 따라 인류에게 큰 혜택을 줄 수도 있으니까요. 그런데 이윤 추구가 궁극적 목적인 자본주의 사회에서는 노동자가 기계의 부속품으로 전락하는 현상을 피할 수 없을 것 같아요. 마르크스가 말한 기계의 자본주의적 사용이 바로 그 현상을 짚은 얘기인 것 같습니다.

강사… 여러분도 이제 자본주의 사회를 움직이는 핵심 동력은 이윤 추구이며, 이 탓에 만만치 않은 부작용이 일어난다는 점을 깨닫는 것 같군요. 다소 어려운 내용이었지만 여러분이 잘 따라오니 가르치는 맛이 있네요. 지금과 같은 분위기를 마지막 시간까지 꾸준히 유지해주세요.

- 상대적 잉여가치 창출은 무슨 의미일까요?

- 생산력 발달과 상대적 잉여가치의 관계를 설명해봅시다.

- 특별잉여가치란 무엇일까요?

- 빈부 격차는 왜 지속적으로 증가할까요?

자발적으로
착취를 강화하는
방법이 있다고요?

강사… 지난 시간에 상대적 잉여가치의 창출에 대해서 살펴보았습니다. 절대적 잉여가치나 상대적 잉여가치는 자본가가 노동자에게 좀 더 많은 이윤을 뽑아내는 방법입니다. 그런데 이것 말고도 다른 방법이 있습니다. 특히 노동자들이 '자발적으로' 더욱 착취당하도록 만들 수 있는 기가 막힌 방법이죠. 속된 말로 손 안 대고 코 풀 수 있는 방법입니다. 바로 오늘 강의 주제인 **성과급제**입니다.

학생… 저는 성과급제를 굉장히 공평하고 바람직한 제도라고 생각하는데요, 오히려 더 교묘한 착취 방법이라니 당혹스럽네요. 자신이 성과를 낸 만큼 임금을 가져가니까 합리적이지 않나요?

손 안 대고 코 풀기, 성과급제

강사… 그렇게 생각하는 사람이 많죠. 하지만 실제로는 간단하지 않습니다. 《자본론》 강의를 하다 보면 특히 성과급제 부분에서 크게 충격받았다고 말하는 학생이 적지 않더군요. 그럼 구체적인 예를 들어서 성과급제의 '탁월한' 착취 효과를 살펴보도록 하죠.

어리바리 회사의 김개똥 씨는 하루 8시간 일하며 빵 8개를 생산하고 일당으로 30,000원을 받습니다. 그런데 어리바리 회사에서 오늘부터 임금 체계를 바꿉니다. 지금까지는 하루 빵 생산량에 관계없이 모두 일당 30,000원을 받았죠. 일인당 하루 평균 빵 생산량은 8개지만 따져보니 실제 생산량은 노동자마다 제각각이었죠. 그런데도 회사 정책상 균일하게 지급해왔던 겁니다.

회사는 오늘부터 빵 1개를 만들 때마다 일정액을 지급하는 성과급제를 시행하기로 합니다. 일당 30,000원을 일인당 하루 평균 빵 생산량인 8개로 나누면 빵 1개 당 3,750원 꼴이죠. 그래서 빵 1개를 만들 때마다 3,750원을 지급하겠다고 노동자들에게 통보합니다. 빵 8개를 만들면 예전처럼 일당 30,000원을 받지만, 7개를 만들면 26,250원을, 9개를 만들면 33,750원을 받습니다.

성과급제 도입 후 어리바리 회사에는 어떤 변화가 일어날까요? 노동자들은 빵을 1개 더 만들 때마다 추가 수입 3,750원을 더 받을 수 있기 때문에, 누가 따로 관리 감독을 하지 않아도 자연스레 노동 강도를 강화합니다.

박봉팔 씨는 얼마 전 아이가 고등학교에 들어갔습니다. 자식 교육이라면 물불 안 가리는 박봉팔 씨는 아들의 수학 과외비를 마련하려고 더욱 열심히 일합니다. 예전에는 하루에 빵 8개를 만들었는데, 성과급제가 도입되자 제빵기계를 더 빠른 속도로 돌리고 야근도 불사해서 하루에 빵을 11개나 만듭니다. 회사에서 품질이 떨어지는 빵은 제하고 일당을 계산한다고 했기 때문에 박봉팔 씨는 전보다 품질에도 신경을 더 씁니다.

성과급제가 가시적인 성과를 보이자 어리바리 회사에서는 매달 생산량이 가장 많은 노동자 세 명을 뽑아 특별 보너스를 지급하겠다고 공지합니다. 생산라인에서는 난리가 났습니다. 너도나도 특별 보너스를 받겠다고 스스로 알아서들 열심히 일합니다.

경쟁이 심해지니 업무 분위기도 묘하게 바뀝니다. 하루는 김개똥 씨의 제빵기계가 고장이 났습니다. 기계를 빨리 고치려면 다른 사람의 도움이 필요했죠. 김개똥 씨는 평소에 친하게 지내던 박봉팔 씨에게 도움을 요청했습니다. 그러나 박봉팔 씨는 자기 물량을 맞추는 시간도 모자라다며 김개똥 씨를 도와주지 않았습니다. 예전에는 웃으며 도와주던 박봉팔 씨가 성과급제가 도입된 후 완전 다른 사람이 됐습니다.

박봉팔 씨뿐 아니라 회사 전체에 이런 분위기가 만연해졌습니다. 각자 자신만 챙기다 보니 전에는 노동조합 활동을 열심히 하던 이들이 이제는 소극적입니다. 모두들 야근에 특근도 마다하지 않습니다. 야근할수록 특근할수록 성과급으로 더 많은 돈을 손에 쥘 수 있기 때문이죠.

놀라운 변화를 보며 어리바리 회사의 사장은 너무 기분이 좋아 입이 찢어졌습니다. 성과급제를 도입한 이후에 회사의 생산성이 획기적으로 향상되었습니다. 전에는 하루 8시간 근무 기준으로 1인당 평균 8개의 빵을 생산했는데 지금은 하루 8시간 기준으로 1인당 평균 10개를 생산합니다. 전에는 노동자들이 하루에 8시간만 일하고 대부분 퇴근했는데 지금은 하루 평균 10시간씩 일합니다. 성과급제라는 마법이 이런 변화를 가져왔습니다. 자본가 입장에서는 요술방망이도 이런 요술방망이가 없는 거죠.

학생… 교수님 애기를 듣고 보니, 경영자 입장에서는 정말 성과급제만큼 좋은 방법이 없겠네요. 따로 통제하지 않아도 자연스럽게 노동 강도도 높아지고 노동자들이 야근에 특근도 마다하지 않게 되니까요. 직관적으로는 그렇겠다 싶은데, 성과급제 도입이 구체적으로 이윤 창출에 어떻게 기여하는지 궁금해요. 숫자로 계산이 가능한가요?

강사… 당연히 가능합니다. 구체적 수치로 이윤 변화를 계산해보죠. 예전에 우리가 다뤘던 이윤율 식을 기억하나요? 벌써 기억이 안 난다고요? 저런…, 제가 칠판에 그 식을 써보죠.

$$이윤율 = \frac{S}{C+V}$$

C는 불변자본(생산수단)을 나타내고 V는 가변자본(노동력), S는 잉여가치를 의미합니다. 기억나시죠? 성과급제를 도입하기 전과 후의 이윤율 변화를 계산해볼까요? (앞서 이윤율을 계산할 때, 편의상 제빵기계를 밀가루처럼 소모품으로 취급해서 계산했습니다. 여기에서도 편의상 같은 방식으로 계산합니다.)

어리바리 회사에는 제빵노동자가 100명입니다. 성과급제가 도입되기 전에는 제빵노동자들이 하루 평균 8시간을 일했고, 1인당 하루 평균 생산량이 빵 8개였습니다. 직원이 100명이니까 하루 총 800개의 빵을 생산했겠죠. 빵 800개의 가치를 계산하고 불변자본, 가변자본, 잉여가치의 세 성분으로 나누겠습니다.

[수식1]
밀가루 1kg =1노동시간
(빵 1개에 필요한 밀가루의 양: 1kg)

[수식2]   **제빵기계 1대=10,000노동시간**

(제빵기계의 수명: 빵 10,000개 생산)

[수식3]   **노동자의 일당**(8시간노동)**=빵 1개**

(생산성: 노동자 1명이 8시간 노동에 빵 8개 생산)

[수식4]   **빵 8개의 교환가치**

=C(16노동시간)**+V**(3노동시간)**+S**(5노동시간)**=24노동시간**

[수식4]의 좌변과 우변에 100을 곱하면 빵 800개의 교환가치를 구할 수 있습니다.

빵 800개의 교환가치

=C(1,600)**+V**(300)**+S**(500)**=2,400노동시간**

이윤율을 구하면 다음과 같습니다.

$$\text{이윤율}(\text{성과급제 도입 전}) = \frac{S}{C+V} = \frac{500}{1,600+300} = \frac{5}{19} \simeq 26.3\%$$

성과급제 도입 후 어리바리 회사에서는 노동자들 사이에 경쟁이 붙어 노동 강도가 강화되었죠. 8시간 노동했을 때 하루 평균 빵

10개를 생산합니다. 다른 제빵회사들은 성과급제를 도입하지 않고 하루 8시간 노동에 빵 8개를 만드는 노동 강도를 유지하고 있습니다. 이런 조건에서는 어리바리 회사 노동자의 8시간 노동은 10노동시간이 됩니다.

[수식5] **어리바리 회사 노동자의 8시간 노동 = 10노동시간**

학생… 왜 어리바리 회사 노동자가 8시간 일한 것이 10노동시간으로 계산이 되나요? 그냥 8노동시간 아닌가요?

강사… 사회적으로 필요한 노동시간에 대해 다룰 때 충분히 설명했죠? 어리바리 회사에서는 성과급제 도입 후 노동 강도가 강화되어 여타 회사에서 10시간에 할 일을 8시간에 하고 있습니다. 평균적인 노동 강도로 일하면 빵 10개를 생산하는 데 10시간이 걸리는데, 그걸 8시간 만에 하기 때문이죠. 그래서 〔수식5〕와 같은 식이 성립됩니다. 그래서 〔수식5〕의 양변을 8로 나누면 다음과 같습니다.

[수식6] **어리바리 회사 노동자의 1시간 노동 = 1.25노동시간**

성과급제를 도입해도 이윤율은 같다

학생… 만약 어떤 노동자가 평소보다 두 배 빠른 속도로 일한다면 그 노동자의 1시간 노동은 2노동시간의 가치가 있겠네요?

강사… 그렇죠. 이제 성과급제 도입 후의 이윤율을 계산해봅시다.

성과급제	하루 평균 노동시간	시간당 평균 생산량	회사의 하루 생산량
도입 전	8시간 노동	1개	800개
도입 후	10시간 노동	1.25개	1,250개

이 표는 성과급제 도입 전과 후의 상황 변화가 한눈에 들어오도록 정리한 것입니다. 성과급제 도입 전에는 노동자가 평균적으로 한 시간에 빵 1개를 생산했지만, 성과급제 도입 후에는 노동 강도가 강화되어 한 시간에 평균 빵 1.25개를 생산합니다. 또 성과급제 도입 이전에는 노동자들이 하루 평균 8시간을 일했는데, 성과급제를 도입한 후로는 하루 평균 10시간을 일하죠. 강화된 노동 강도와 연장된 노동시간의 결과, 노동자 100명이 하루에 생산하는 빵의 양은 800개에서 1,250개로 폭발적으로 증가했습니다.

1,250이라는 수치는 쉽게 계산되죠? 성과급제 도입 후에 노동자 1명이 1시간에 1.25개의 빵을 만드는 속도로 10시간을 일하면, 노동자 1명당 하루 평균 빵 12.5개를 만들겠죠. 노동자가 100명이니 12.5개에 100을 곱하면 1,250개가 나옵니다.

[수식4]를 보면 빵 8개의 교환가치는 이렇습니다.

[수식4]   **빵 8개의 교환가치**

= C(16노동시간)+V(3노동시간)+S(5노동시간)=**24노동시간**

그럼 빵 1,250개의 교환가치를 [수식4]를 이용해 계산해볼까요? [수식4]의 양변을 8로 나눈 후에 1,250을 곱하면 되겠죠?

[수식7]   **빵 1,250개의 교환가치**

= C(2,500노동시간)+V(468.75노동시간)+S(781.25노동시간)

= **3,750노동시간**

숫자가 딱 떨어지지 않고 소수점 두 자리까지 나오니 조금 지저분해 보이는군요. 그래도 계산은 정확합니다.

학생… 그런데, 그냥 저렇게 무턱대고 [수식4]를 가져다가 그대로 계산해도 문제가 없나요? 전과 다르게 성과급제가 도입됐으니 이것저것 따져봐야 하지 않을까요?

강사··· 학생의 의구심을 풀어주기 위해서 간단한 계산을 하나 해볼게요. [수식7]을 보면 필요노동v이 468.75노동시간으로 나오죠? 필요노동은 노동자가 일한 시간 가운데 임금으로 받은 만큼의 몫이죠. 노동자가 성과급으로 빵 1개당 3,750원을 받고 있으니까, 여기에 빵 1,250개를 곱해서 정확히 468.75노동시간이 나오는지 확인해봅시다.

1노동시간이 화폐로는 10,000원이라고 가정했으니, 빵 1개당 받는 3,750원을 시간으로 환산하면 0.375노동시간이죠. 그럼,

$$0.375 \times 1,250 = 468.75$$

어떤가요? 제대로 나오죠?

잉여가치s는 빵 1,250개 전체의 가치인 3,750노동시간에서 C(2,500노동시간)와 V(468.75노동시간)를 빼면 쉽게 구할 수 있어요. 왜 불변자본c이 2,500노동시간인지는 알고 있죠?

학생··· 네. 그건 알아요. 불변자본은 기계와 원료를 합한 값인데,

빵 1,250개면 밀가루 1,250킬로그램이 1,250노동시간이고, 기계의 감가상각분 역시 1,250노동시간이니, 둘을 합하면 2,500노동시간이 나와요. 직접 계산해보니 확실히 알겠네요.

강사… 이제 빵 1,250개에 나오는 C(불변자본), V(가변자본), S(잉여가치)를 이윤율 식에 넣고 계산하면 이렇게 나옵니다.

$$이윤율(성과급제 도입 후) = \frac{S}{C+V} = \frac{781.25}{2,500+468.75} = \frac{5}{19} \simeq 26.3\%$$

학생… 어? 성과급제 도입 전과 후의 이윤율이 약 26.3퍼센트로 같은 값이네요. 그러면 성과급제를 도입해도 자본가에게 별다른 이익이 없다는 말인가요?

강사… 이윤율이라는 수치만 보면 그렇게 생각할 수도 있어요. 그런데 실제로는 다릅니다. 솔직히 이윤율은 동일할 수밖에 없습니다. 눈치 빠른 사람이라면 계산 과정에서 이미 느꼈겠죠? 성과급제 도입 전 하루 800개 생산할 때와 성과급제 도입 후 하루 1,250개 생산할 때 모두 [수식4]로 이윤율을 계산했습니다.

[수식4] **빵 8개의 교환가치**
= C(16노동시간) + V(3노동시간) + S(5노동시간) = **24노동시간**

그리고, 이윤율을 구하는 공식은 다음과 같습니다. 뭐 느껴지는 게 없나요?

$$이윤율 = \frac{S}{C+V}$$

학생⋯ 아! 그렇네요. 성과급제 도입과 상관없이 C와 V와 S 사이의 비율이 16:3:5으로 고정되어 있어 이윤율은 변하지 않겠네요. [수식4]의 양변에 같은 수를 곱해서 [수식7]이 나왔으니까요.

그런데, 이윤율이 같다면 성과급제는 왜 도입하나요?

같은 시간에 더 많은 이윤량을 창출하다

강사⋯ 물론 성과급제 도입 전과 후에 분명한 차이가 있기 때문이죠. 이윤율은 변하지 않더라도 **이윤량**은 변하거든요. 100명의 노동자가 예전에는 하루에 빵 800개를 생산했는데 지금은 하루에 빵 1,250개를 생산합니다. 생산량이 증가하면 이윤율이 같더라도 이윤의 양은 당연히 늘어나죠.

〔수식7〕에서 빵 1,250개의 가치를 분석했을 때 잉여가치s가 781.25노동시간입니다. 잉여가치는 자본가가 가져가는 이윤이라고 했어요. 화폐단위로 바꾸면 7,812,500원입니다. 성과급제 도입 전 하루 생산량인 빵 800개의 경우는 〔수식4〕의 좌변과 우변에 100을 곱하면 다음과 같습니다.

> **빵 800개의 교환가치**
> =C(1,600노동시간)+V(300노동시간)+S(500노동시간)
> **=2,400노동시간**

여기서 잉여가치s는 500노동시간이고 이것을 화폐단위로 바꾸면 500만 원이 나옵니다. 성과급제 도입 후 하루 동안 벌어들이는 이윤양이 500만 원에서 약 780만 원으로 대폭 증가했음을 쉽게 확인할 수 있죠. 이윤율은 같더라도 노동 강도를 강화하고 노동시간을 연장해 훨씬 많은 빵을 생산하니, 같은 시간과 같은 인원으로 더 많은 이윤을 남길 수 있어요. 이런 상황은 오로지 성과급제가 만들어낸 것입니다. 하루에 500만 원 버는 것과 780만 원 버는 것은 차이가 크죠?

학생… 그런 거군요. 극단적으로 이윤율이 10퍼센트로 같다고 해도, 매출이 10억 원인 회사와 1,000억 원인 회사는 이윤 규모에서 100배가 차이나죠. 자본가가 쉬지 않고 공장을 돌리고 싶은 이유를 이제 알겠습니다. 가능하다면 하루 24시간 내내 공장을 가동해야 시간을 허비하지 않고 더 많은 이윤을 남길 수 있을 테니까요.

강사… 그렇습니다. 참! 추가로 언급할 것이 있어요. 어리바리 회사에서 성과급제를 도입하면서 노동자가 빵 1개를 만들 때마다 3,750원을 준다고 했습니다. 그런데 3,750원을 지불하는 근거가 뭐였죠?

학생… 성과급제 도입 전에는 회사에서 노동자에게 일당으로 30,000원을 주었습니다. 노동자들이 하루 8시간 노동해서 평균적으로 빵 8개를 생산하니까 30,000원을 빵 8개로 나누면 빵 1개에 3,750원이죠.

필요노동과 잉여노동의 시간비, 착취율

강사… 정확하게 기억하고 있군요. 그런데 어리바리 회사에서 성과급제를 도입하면서 약간 꼼수를 써서 빵 1개당 3,750원이 아니라 3,500원을 지급할 수도 있겠죠. 그러면 자본가의 입장에서는 자연스럽게 임금을 삭감해서 자신의 몫을 더 챙길 수 있게 될 테니까요.

노동자들에게는 하루 평균 빵 생산량 등 '경영 정보'가 공유되지 않기 때문에, 성과급제로 전환하면서 이런 '장난질'을 치는 게 가능합니다. 노동자들은 성과급제 전환 후 호주머니가 두둑해진 것 같지만, 노동 강도가 강화되고 자발적으로 연장근로를 하면서 그만큼 임금을 더 받을 뿐입니다. 그런데 회사 측에서 이런 꼼수까지 쓰면 사실상 노동자들이 더 손해를 보는 상황이 벌어질 수도 있겠죠.

학생… 교수님, 정말 충격적입니다. 성과급제가 사실상 자발적 착취를 강화하는 수단이라니…. 이 강의를 듣기 전에는 전혀 생각하지 못했습니다.

강사… 일반적으로 노동조합은 회사가 성과급제를 도입하려 하면 굉장히 민감하게 반응합니다. 강의 내용을 듣고 보니 그럴 수밖에 없겠죠? 이쯤에서 이윤율에 대응되는 개념인 **착취율**을 한번 공부해볼 필요가 있겠군요.

앞서 얘기했지만 이윤율은 '자본가의 관심사'를 반영한 수치입니다. 자신이 투여한 자본 대비 이윤이 얼마나 발생했는지를 보여주니까요. 반면 노동자 입장에서는 자신의 하루 노동시간 가운데 필요노동과 잉여노동의 시간이 차지하는 비율이 중요합니다. 하루 노동시간 가운데 필요노동시간이 많다는 것은 노동자 자신을 위해 일하는 시간이 많다는 의미입니다. 거꾸로 잉여노동시간이 많다는 것은 자본가에게 빼앗기는 시간이 많다는 의미죠.

마르크스는 이 구조를 잘 보여줄 수 있도록 '착취율'이란 개념을 고안했습니다. **잉여가치율**이라고도 부르는데요, 이렇게 생긴 식입니다.

$$착취율 = \frac{S}{V}$$

분모에는 필요노동v이, 분자에는 잉여가치s가 놓였죠? 그럼 구체적인 예를 들어 설명해보죠.

8노동시간=V(3노동시간)+S(5노동시간)

착취율을 계산하면 이렇습니다.

$$\text{착취율} = \frac{S}{V} = \frac{5}{3} \simeq 1.67 \simeq 167\%$$

필요노동과 잉여가치가 각각 4노동시간이 되면 착취율은 어떻게 될까요?

8노동시간 = V(4노동시간) + S(4노동시간)

$$\text{착취율} = \frac{S}{V} = \frac{4}{4} = 1 = 100\%$$

필요노동이 증가하고 잉여가치가 감소하니 착취율이 1.67에서 1로 감소하는 것을 확인할 수 있습니다. 착취율은 이후 강의에서 다시 나오니 잘 기억해두세요.

착취율이라는 개념을 보면 노동자의 임금 몫과 자본가의 이윤 몫이 서로 대립 관계에 있다는 것을 알 수 있습니다. 하루 노동시간이 고정된 상태에서 임금이 오르면 필요노동시간이 증가하죠. 그러면 자본가 몫인 잉여가치가 감소합니다. 반대로 필요노동시간이 감소하면 잉여가치는 증가하죠. 결국 노동자의 이익과 자본가의 이익이 근본적으로 충돌한다는 것을 알 수 있습니다. 한쪽의 이익은 곧 다른 쪽의 손해인 셈이죠. 현실에서 노동자계급과 자본가계급 사이에 갈등이 자주 발생할 수밖에 없는 근본적 이유가 여기에 있습니다.

학생… 강의를 들을수록 과연 제가 취직해야 하는지 고민이 듭니다. 노동자도 《자본론》 내용을 이해하면 자신들이 처한 상황을 답답해할 것 같은데요? 회사 다니기 싫어질 것 같아요. 그래도 목구멍이 포도청이라 취직 안 할 수도 없지만….

학생… 자본주의 사회에서 착취가 존재한다는 것은 솔직히 사실인 것 같아요. 하지만 자본가도 노는 것은 아니잖아요? 자본가도 열심히 일하고 있고 위험을 감수하고 자기 돈을 투자해서 사업을 해요. 그런 부분은 인정하지 않나요? 솔직히 자본가가 없으면 기업이 돌아갈 수 있을까요?

강사… 앞 시간에 비슷한 얘기가 한 번 나온 적 있지 않나요? 물론 자본가 가운데도 열심히 일하는 사람이 많죠. 자본가는 노동에 대한 대가를 받아서는 안 된다고 얘기하는 게 아닙니다. 그런데 능력 차이만으로는 설명할 수 없는 엄청난 빈부 격차가 우리 사회에 분명 존재합니다. 마르크스는 그 상황이 벌어지는 근본 원인을 말하고 있는 겁니다.

  그리고 지금은 상식이라고 여기는 것이 미래에는 비상식이 될 수도 있어요. 꼭 자본가만 공장을 소유해야 할까요? 노동자들이 공동으로 공장을 소유할 수도 있겠죠. 실제 해외에는 노동자들이 공동으로 소유하는 협동조합 기업이 드물지 않습니다. 협동조합 기업 노동자들은 공동 소유주로서 평등한 관계를 형성하며 일하기 때문에, 중요한 결정을 할 때 총회를 열어 투표로 결정하고 이윤도 공평하게 분배합니다. 노동자들이 직접 회사 대표자를 선출하기도 하고요. 과연 어느 쪽이 더 '민주적'으로 운영되는 기업일까요? 한 사람이 모든 것을 좌지우지 하는 자본주의식 기업일까요, 노동자들이 공동으로 운영하는 협동조합 기업일까요?

학생… 그야…, 아무래도 협동조합 기업이 좀 더 민주적이겠죠. 초등학교 반장조차 투표로 뽑는 세상이라지만, 노동자들이 사장을 투표로 뽑는다는 말은 저에겐 너무 생소하네요. 어쩌면 자본주의 기업 시스템은 우리 사회에서 가장 전근대적이고 비민주적일지도 모르겠어요.

강사… 물론 협동조합 기업도 자본주의라는 거대 시스템 안에 존재하기 때문에 시장 경쟁에서 생존하기 위해 이윤 추구를 우선할 수밖에 없습니다. 그래서 한계를 보여주는 사례도 적지 않죠. 그럼에도 좀 더 민주적으로 운영되는 것은 분명한 사실이에요. 솔직히 자본주의는 민주주의와 거리가 먼 시스템이기도 하고요.

　오늘은 성과급제를 다뤘습니다. 그동안 쏟아지는 수식 탓에 머리가 아팠을지도 모르겠네요. 다음 시간에는 수식을 멀리하고 조금 철학적인 얘기를 나눠볼까요?

생각해보기

- 성과급제가 노동자들의 작업 환경에 어떤 영향을 끼치나요?
- 이윤율이 같은데 왜 성과급제를 도입할까요?
- 착취율이란 무엇인가요?
- 노동자와 자본가의 이익은 왜 서로 충돌할까요?

이기적 인간,
자본주의 사회에
맞춰진 인간

강사… 지금까지 7강에 걸쳐 마르크스 《자본론》을 공부하면서 적지 않은 충격을 받았으리라 생각합니다. 제도권 교육에서는 배울 수 없는 새로운 지식을 접했을 테니까요. 혼란스러운 학생도 있을 테고, 거부감이 드는 학생도 있으리라 생각합니다. 당연합니다. 저는 대학 시절 마르크스 《자본론》을 읽고 마치 영화 〈매트릭스〉에서 네오가 빨간 약을 먹은 후 세상의 실제 모습을 본 것 같은 충격을 받았죠. 그런데 《자본론》의 내용을 이해했다고 하더라도, 결국 이렇게 생각하는 경우가 많더군요.

'자본주의에 문제가 많은 건 나도 알아. 그렇지만 세상에 완벽한 제도란 없잖아. 인간이란 동물은 본성적으로 이기적이기 때문에 결국 어쩔 수 없어. 이기적인 인간들이 모여 사는 사회도 결국 이기심에 의해 돌아갈 수밖에 없으니까….'

학생··· 사실 제가 딱 그렇게 생각하고 있습니다. 교수님이 콕 집어서 얘기하셨네요.

강사··· 하하. 강의 한두 번 하는 것도 아닌데요, 뭘. 의외로 사람들 생각이 비슷하더군요. 어쩌면 학생들 대부분이 '케케묵은' 성선설, 성악설을 떠올릴지도 모르겠네요.

오늘은 인간의 본성 얘기부터 시작해보도록 하죠. 많은 사람이 인간은 본성적으로 이기적이라고 여기며 부조리한 현실에 대해 체념합니다. 인간이 모여 이룬 게 사회이니, 사회도 당연히 이기적일 수밖에 없다는 거죠.

인간이 본성적으로 이기적이라고?

학생··· 고등학교 때 아파서 결석한 친구가 저에게 필기한 노트를 빌려달라고 했을 때 저는 핑계를 대고 빌려주지 않았어요. 그 친구가 저보다 공부를 잘했는데요, 저에게 경쟁심이 있었던 거죠. 그때 저는 '원래 사람은 이기적이야'라고 생각하며 자위했습니다. 스스로에게 면죄부를 준 셈이었어요. 찜찜하기도 했지만···.

학생… 당연히 사람은 본성적으로 이기적이지 않나요? 자기 자신부터 챙겨야 하잖아요. 너무 당연한 것에 의문을 품는 게 아닌가 싶어요.

강사… 만약 이기심이 본능이라면 인간은 태어나면서부터 이기심을 유전자에 새기고 있어야겠죠? 정말 그런지 차분하게 생각해봅시다.

이제 막 엄마 배 속에서 나와 세상을 처음으로 접한 신생아 얘기를 해볼까요? 사실 제가 아이 둘을 키우면서 인간이라는 존재에 대해서 많이 깨닫게 됐어요.

하루는 첫째를 임신한 아내가 육아 서적을 읽다가 저에게 질문을 하더군요.

"신생아들은 똥을 싸면 부모가 치워주잖아? 그런데 신생아는 부모가 치우는 것을 빤히 보고 느끼면서도 자기가 치웠다고 생각한다네? 왜 그렇지?"

아내가 읽던 육아 서적에는 신생아가 그렇게 생각하는 이유가 명확하게 나와 있지는 않았습니다. 혹시 그 이유를 얘기해볼 학생 있나요?

학생… 글쎄요…. 도저히 모르겠는데요?

학생⋯ 어디선가 아기들은 자신과 타인 사이에 구분이 없다는 얘기를 얼핏 들은 적이 있는데, 혹시 그것과 연관 있나요?

강사⋯ 방금 학생이 꽤 그럴듯한 얘기를 했는데요, 좀 더 구체적으로 말해보겠어요?

학생⋯ 음⋯, 그냥 그런 얘기를 들었을 뿐이라 자세한 것은⋯.

강사⋯ 지금까지 강의에서 이 문제에 제대로 답한 학생을 아직 본 적 없어요. 그러니 너무 자책하지 마세요.
　신생아가 엄마 배 속에서 이제 막 나와서 주변 사람을 보고 있다고 합시다. 과연 신생아가 사람을 보고 '사람'이라고 해석할 수 있을까요?

학생⋯ 당연히 사람을 보면 사람이라고 생각하겠죠. 너무 이상한 질문 같아요.

학생⋯ 아⋯, 잠깐만요. 아무래도 엄마 배 속에 있다가 나와서 처음 세상을 접할 텐데, 사람을 보고 사람이라고 생각하기는 어렵지 않을까요? 모든 게 처음 보는 것이니까요.

강사… 학생은 좀 날카로운 면이 있군요. 우리는 일반적으로 특정한 색깔과 형태의 조합을 보면 자연스럽게 사람이라고 의미를 부여하는데요, 이는 타고나는 게 아닙니다. 신생아에게는 눈에 들어오는 모든 것이 그저 색깔과 형태의 무의미한 조합일 뿐이에요. 특정 색깔과 형태의 조합에 개, 고양이, 사람, 아파트라고 의미를 부여할 정보를 접한 경험이 없거든요. 여러분이 노이즈 화면을 보면 아무런 의미를 찾아낼 수 없듯이, 신생아는 자기 앞에 있는 특정한 색깔과 형태의 조합을 사람이라고 해석할 수 없습니다. 처음 보니까요. 신생아에게는 노이즈 화면과 당신의 모습이 '의미'상으로는 똑같습니다. 말 그대로 무의미!

혹시, 팔과 손을 움직이지 못하도록 신생아를 속싸개로 꽁꽁 싼 것을 본 적 있나요?

학생… 네. 제 조카가 얼마 전에 태어났는데 팔뿐만 아니라 몸 전체를 꽁꽁 쌌더라고요. 얼굴만 쏙 나와 있는 모습이 너무 귀엽기도 하고 한편으로는 안쓰럽기도 했어요.

강사… 왜 팔까지 못 움직이게 싸는지 이유를 알고 있나요?

학생… 그렇게 안 하면 손으로 자기 얼굴에 상처를 낸다고 들었어요. 사실 좀 이해가 안 되더라고요. 아기가 왜 자기 얼굴에 상처를 낼까요?

강사… 신생아는 자신의 눈에 보이는 손가락 다섯 개가 달린 긴 물체가 자신의 팔인지도 모르는 거예요. 처음 보니까요. 자신의 의지로 팔을 통제할 수 있다는 것도 모르는 상황입니다. 팔은 반사적으로 움직일 뿐이죠. 그래서 팔이 자기 얼굴로 와도 멀어지게 하는 방법을 몰라요. 생후 어느 정도 시간이 지나면 아기가 꼭 쥔 주먹을 자기 얼굴 앞에 놓고 조금씩 움직이며 노는 모습을 볼 수 있습니다. 그제야 눈에 보이는 주먹을 자신이 통제할 수 있다는 것을 어렴풋이 깨닫죠. 게임 캐릭터를 조종하듯 주먹을 움직이며 즐거워하는 거예요.

학생… 와! 신기해요. 교수님은 그런 것을 어떻게 아세요?

강사… 하하. 제가 따로 연구한 적은 없어요. 다만 신생아 입장에서 세상이 어떻게 느껴질지 깊이 생각하면서 깨달았죠.

신생아의 심리를 이해하기 위해 또 하나 알아야 할 것이 있어요. 여러분 앞에 탁자가 하나 있다고 합시다. 손을 뻗어 탁자를 만지면 촉감이 느껴지죠? 여러분이 손에서 느끼는 촉감은 탁자에서

온다고 판단하겠죠. 손으로 느끼는 촉감과 눈에 보이는 탁자의 이미지를 도저히 떼려야 뗄 수 없는 동일체로 느낍니다.

그런데 촉각과 시각은 별개의 감각이에요. 우리가 눈이 없다고 가정해보죠. 과연 손으로 느끼는 촉감을 시각 이미지와 연결할 수 있을까요? 눈이 없으니 촉감은 그저 촉감일 뿐, 탁자나 부드러운 솜이불의 시각 이미지와 촉감을 연결할 수 없습니다. 그렇다면 손에서 느껴지는 딱딱한 촉감과 눈에 들어오는 탁자라는 시각 이미지를 뗄 수 없는 동일체로 느끼게 하는 것은 과연 무엇일까요? 바로 두뇌입니다. 지속적인 경험을 통해 특정 위치에 보이는 시각 이미지와 손에서 느끼는 촉감이 긴밀하게 연관되어 있다고 후천적으로 판단하게 되죠.

이 정도면 왜 신생아가 똥을 자기가 치웠다고 판단하는지 이해할 수 있습니다. 자! 신생아가 똥을 쌌습니다. 뭔가 불편한 느낌이 들어서 본능적으로 울었습니다. 아이가 우니 부모는 무슨 일인지 궁금해 다가갑니다. 신생아는 '부모', '사람'이라는 개념이 없습니다. 부모가 다가오는 장면은 신생아에게는 시야에 특정한 색깔과 형태가 나타나는 현상일 뿐입니다. 색깔과 형태의 의미를 해석할 수 없으니까요. 부모는 바쁘게 손을 움직여 기저귀를 갈고 정성스레 엉덩이를 닦겠죠. 신생아는 부모의 손놀림을 눈으로 보고 있지만, 눈에 들어오는 손의 움직임과 엉덩이에 느껴지는 촉감이 연관

되어 있음을 모릅니다. 그저 눈앞에서 색깔이 요란하게 움직이는데 동시에 엉덩이에서 촉감이 느껴지더니 별안간 똥이 사라지죠.

신생아는 자신이 울자 색깔의 변화와 엉덩이의 촉감이 나타나며 똥이 없어졌다고 판단합니다. 롤플레잉 게임에서 마법사가 특정 주문을 외우니 마법이 발동하는 것처럼 말이죠.

학생… 그런데 신생아 똥 얘기와 인간의 본성이 무슨 관련이 있나요? 갑자기 육아 얘기만 하시니….

강사… 이 모든 내용이 오늘 다룰 내용과 연결됩니다. 너무 걱정하지 마세요. 하하.

신생아는 세상을 이런 방식으로 파악하기 때문에 자신과 외부사물을 구분하지 못하죠. 감각기관을 통해 느끼는 온갖 정보를 자신과 연관시켜 생각할 뿐입니다. 그래서 똥을 치운 것도 자신이라고 판단합니다.

그런데 아이가 똥 싸고 울 때마다 부모가 즉각 나타나지는 않습니다. 예를 들어, 부모가 외출했을 때는 똥을 싸고 아무리 울어도 화면에 특정 색깔 패턴(부모)이 나타나지 않겠죠. 이런 경험이 쌓이면 특정 색깔 패턴(부모)은 자기 의지대로 조종할 수 없는 '외부' 존재라는 것을 깨닫기 시작합니다. 주체와 객체의 거리감(분리감)

이 형성되는 것이죠. 주체와 객체의 거리감 속에서 '자아정체성'도 형성됩니다. 전에는 피아彼我의 구분조차 없었으니 '나'라는 심리적 결정체도 존재하지 않았지만, 타자와의 거리감이 형성되면서 자아도 형성되죠.

'나'라고 하는 자아정체성은 이처럼 타자와의 관계에서 형성됩니다. 타자가 존재하지 않으면 나 또한 존재할 수 없죠. 네가 없으면 나도 없다는 말입니다. 여러분은 한 살 때 기억이 없죠? 왜 없을까요? 색깔과 형태에 의미를 부여할 수 없는데 어떻게 그때를 기억할 수 있을까요? 내가 본 것, 내가 들은 것, 내가 냄새 맡은 것에 의미를 부여할 수 없으니 기억도 할 수 없는 겁니다. 그런데 네 살 무렵은 드문드문 기억이 나죠? 대략 그때부터 우리 두뇌가 '기억'이라는 정신 활동을 할 수 있을 만큼 성숙하기 때문입니다.

아무튼 신생아는 아예 '이기심'이라는 개념 자체가 없습니다. 너와 나의 구분조차 없는 상태인데 이기심이라는 고차원적 생각을 할 리가 없죠. 인간이 본성적으로 이기적이라는 말은 인간의 심리 형성 과정에 대한 이해가 부족해서 나온 견해일 뿐입니다.

인간은 신경세포인 뉴런의 연결 구조, 즉 뉴럴 네트워크를 통해 생각합니다. 성인 두뇌에 존재하는 뉴런 연결 구조를 우리나라의 모든 도로망이라고 한다면, 신생아의 뉴런 연결 구조는 고속도로만 있는 수준으로 단순하다고 합니다. 뉴런 연결 구조 대부분은 주변 환경과 유전자의 상호작용을 통해 후천적으로 형성되죠.

사회구조가 인간의 심리를 형성한다

학생… 아! 그러니까 이기심이라는 개념 자체가 신생아에게는 존재하지 않는다는 말씀이네요. 설득력 있어요.

강사… 그렇습니다. 모든 생명체는 기본적으로 '생존 본능'이 있습니다. 인간 심리를 이해하기 위해서는 생존 본능에서부터 출발해야 합니다. 결국 모든 생명체의 지상 과제는 '생존'과 '번식'입니다. 왜 식욕과 성욕은 억누르기 힘들 정도로 강할까요? 식욕은 생존과, 성욕은 번식과 연결되기 때문입니다. 어떤 생명체가 유전적으로 식욕과 성욕이 없다면 생존하고 번식할 확률이 크게 떨어져 결국 멸종할 겁니다. 강한 식욕과 성욕은 생명체 진화 과정의 심리적 결과물인 셈이죠.

그런데 우리가 어떤 환경과 사회구조에서 생활하느냐에 따라 생존에 필요한 심리적 덕목이 달라집니다. 어떤 책에서 접한 인상적인 사례를 하나 소개하겠습니다. 자본주의 사회에 살던 서구 인류학자가 아메리카 인디언 부족을 대상으로 지능 테스트를 했습니다. 부족원 각각에게 테스트 용지를 나눠주며 각자가 따로 문제를 풀어야 한다고 신신당부했습니다. 그런데 인디언 부족 사람들은 함께 모여 토론하며 문제를 풀었습니다. 그러자 서구 인류학자는 답답한 마음에 그들에게 다가가 문제는 각자가 따로 풀어야 한다고 거듭 강조했습니다. 그러자 아메리카 인디언들이 이렇게 되물었다고 합니다.

"문제가 있으면 함께 의논해서 해결해야 하는 것 아닌가요? 왜 자꾸 각자 따로 풀라고 하는지 모르겠군요."

아메리카 인디언들은 왜 이렇게 생각하게 됐을까요? '원시공동체 사회'에서는 구성원이 서로 돕지 않으면 생존 자체가 어렵습니다. 수렵과 채집 활동으로 먹을거리를 마련하고, 아이들을 함께 돌보며, 맹수나 다른 부족과의 전투에서 이기기 위해서는 구성원이 서로 협력할 수밖에 없죠. 그래야 생존 확률이 올라가니까요. 그래서 원시공동체 사회에서는 자연스럽게 이기심보다는 '협동'이 생존에 중요한 덕목이 됩니다. 자신이 취득한 지식과 정보를 구성원과 신속하게 공유하고 수렵과 채집을 통해 얻은 먹을거리도 함께 나눠먹습니다. 이기심 탓에 구성원이 서로 돕지 않는다면 아무래도 생존 확률이 크게 떨어지겠죠.

학생… 자본주의 사회와 대조적이네요. 인간 본성이 이기적인 게 아니라, 오히려 사회구조가 인간의 심리를 형성하는 데 큰 역할을 하는군요.

강사… 그렇습니다. 자본주의 사회의 목표는 이윤 추구입니다. 자본가는 더 많은 화폐를 획득하기 위해 노동자를 착취합니다. 자본가가 화폐를 획득하려고 발버둥치는 것은 시장 경쟁에서 생존하기 위해서이죠. 다른 회사보다 더 많은 이윤을 내지 않는다면 시장 경쟁에서 낙오하기 마련입니다. 이것이 바로 자본주의 사회에서의 '게임의 법칙'입니다.

자본가는 노동자가 고통받더라도 임금을 줄여서 더 많은 이윤을 남기려고 기꺼이 비정규직을 고용합니다. 정화 장치를 설치하지 않고 폐수를 몰래 강에 흘려버려 돈을 아낄 수 있다면, 자본가는 그렇게 합니다. 자본주의 게임의 법칙에서는 그렇게 해야 더 많은 이윤을 얻어 승리할 수 있기 때문이죠.

노동자는 자신의 노동력을 판매하지 않으면 생존과 번식에 어려움을 겪게 됩니다. 생산수단은 자본가의 손에 있고 노동자는 몸뚱이밖에 없으니까요. 원시공동체 사회에서는 수렵과 채집 활동으로 얻은 것을 함께 나눠 먹고 살았지만 자본주의 사회에서는 혼자서 모든 것을 감당해야 합니다. 아이가 아파도 내 돈으로 치료해야 하고, 아이가 대학에 가도 내 돈으로 학비를 대야 합니다.

생존에 필요한 모든 것을 혼자서 해결해야 하는 자본주의 사회에서는 당연히 이기심만이 자신을 구원할 수 있습니다. 어쭙잖게 다른 사람을 배려하고 다른 사람의 입장을 생각한다면 경쟁에서 뒤처질뿐더러 호구 되기 십상입니다. 자기 것만 잘 챙기는 약삭빠른 사람이 승진도 잘하고 돈도 잘 법니다. 생존하려면 윗사람에게 굽실거려야 하고 부당한 대우를 받고 모욕을 당하더라도 참아야 하죠.

이런 일을 먼저 겪은 부모는 자식에게 돈 잘 버는 의사, 변호사 같은 전문직 종사자가 되기를 권유합니다. 간, 쓸개 빼놓고 살아야 하는 노동자의 설움을 자식에게는 물려주고 싶지 않겠죠. 아이에게 공부를 잘해야 한다고, 좋은 대학에 가야 한다고 강요합니다. 우리 사회에서는 좋은 대학을 나와야 전문직 종사자가 되기 쉬우니까요.

자본주의 게임의 법칙은 자연스럽게 '학교'로 스며듭니다. 아이들은 아침 '0교시'부터 시작해 야간 '자율' 학습을 하거나 학원에 다니고 새벽까지 독서실에서 공부합니다. 친구를 누르고 더 좋은 점수를 얻어야 원하는 학교에 진학할 수 있습니다. 학업 때문에 극심하게 스트레스를 받아 심지어 스스로 목숨을 끊기도 하죠. 이를 두고 대한민국 학부모의 비정상적 교육열 탓에 교육이 망가졌다고 진단한다면, 현상만 보고 본질은 파악하지 못한 것입니다.

그 어느 부모가 자식에게 노동자로 살아가는 서글픔과 고단함을 물려주고 싶겠습니까? 자본주의 사회와 그 게임의 법칙이 우리에게 이기적이 되기를 강요하기 때문이죠.

학생… 먹먹하네요. 서로 돕고 살고 좋은 것만 보고 살아도 순식간에 지나가는 게 인생이라는데…. 그렇다고 우리 사회가 다시 원시 공동체 사회로 돌아갈 수도 없잖아요?

학생… 그럼, 게임의 법칙을 바꿀 수는 없나요? 사람이 이런 식으로 살다가는 정신이 피폐해지지 않을까요? 자본주의는 우리 사회를 파국으로 몰고 간다는 생각이 들 때가 있어요. 환경 파괴, 인간 파괴, 끊이지 않는 전쟁…. 미국이 일으키는 숱한 전쟁도 따지고 보면 결국에는 돈벌이를 위한 것이잖아요. 군수 자본의 욕망 탓에 전쟁까지 나고….

인간관계마저 돈으로 환산하는 물신주의

강사… 자본주의 사회는 '돈'이 최고인 사회입니다. 돈이 많으면 일하지 않고도 호의호식할 수 있고, 예쁘고 잘생긴 애인도 얻을 수 있습니다. 어딜 가든지 돈만 있으면 왕처럼 대접받을 수 있죠. 나쁜 짓을 해도 돈이 많으면 처벌도 면할 수 있습니다. 재벌이 불법을 저질러도 제대로 처벌받는 경우를 보았나요? 가난한 사람들은 배고파서 물건을 훔쳐도 절도죄로 징역을 살아야 하는데 말이죠. '돈'만 있으면 '무엇'이든지 살 수 있는 사회가 자본주의 사회입니다. 모든 것이 상품이 되는 사회의 현실이죠.

그런데 차분하게 생각해보면, 돈이 모든 것을 가능하게 해준다는 생각은 일종의 '환상'입니다. 돈이라는 것, 그러니까 세종대왕 같은 위인의 모습이 인쇄된 종이 그 자체에는 아무런 능력이 없습니다. 지금 이 순간부터 모든 사람이 아무 일도 안 하고 집에 누워만 있다고 합시다. 어떠한 상품도 생산되지 않을 겁니다. 세종대왕이 찍혀 있는 종이가 갑자기 TV로 변할 수는 없으니까요.

우리가 돈으로 구입하는 모든 상품은 누군가가 노동한 결과물입니다. 농부가 노동하지 않으면 쌀은 생산되지 않습니다. 건설노동자가 노동하지 않으면 우리가 공부하는 강의실도 존재할 수 없죠. 엔지니어가 노동하지 않으면 스마트폰도 존재할 수 없어요. 얼마나 고맙습니까? 다른 사람의 노동이 있기에 옷을 입고 음식을 먹으며 스마트폰을 사용할 수 있으니까요.

내가 인간답게 살 수 있는 것은 다른 누군가의 노동 덕분입니다. 물론 다른 사람들도 나의 노동 덕을 보겠죠. 다른 사람의 도움이 없다면 우리는 한순간도 살 수 없습니다. 돈은 그저 사람들의 노동이 교환되는 과정에서 매개물 역할을 할 뿐이죠. 결국 우리는 서로가 서로를 의지하는 노동 공동체의 구성원입니다.

그런데, 자본주의 사회는 이 소중하고 항상 고마워하고 감사해야 할 '타인의 노동'을 단순한 화폐 수치로 전락시킵니다. 따뜻한 '인간' 관계를 차가운 '돈' 관계로 치환하죠.

저는 어릴 때 음식을 남기면 벌 받는다는 말을 부모님께 많이 들었습니다. 그런데 머리가 크면서 묘한 반감이 들더군요. '어차피 돈 주고 산 음식인데 좀 남기면 어때?' 하고 생각한 적이 있습니다. 그런데 부모님이 새벽부터 밭에 나가 허리 펴지도 못하고 가꾼 것이 그 음식이라면, 아마 저는 그 음식을 아무렇게나 버리지 못했을 겁니다. 음식이 어떤 과정을 거쳐서 밥상에 올라왔는지 알면 함부로 할 수 없게 되죠.

자본주의 사회에서는 농부의 노동은 가려지고 화폐로 매겨진 가격만 남습니다. 이 당근은 500원짜리, 이 김은 5,000원짜리, … 이런 식이죠. 타인의 노동에 대한 가치, 그 고마움을 제대로 느낄 수가 없어요.

마르크스는 《자본론》에서 **물신주의**物神主義를 얘기했습니다. 물질이 신이 됐다는 말이죠. 신은 전지전능한 존재잖아요? 중세 서양에서는 신의 뜻이라면 아무리 비상식적으로 보이는 일들도, 예컨대 마녀사냥이나 십자군 전쟁도 정당하다는 명분을 얻었습니다. 마찬가지로 모든 것이 상품으로 거래되는 자본주의 사회에서는 돈이 전지전능한 신의 지위를 차지했습니다. 모든 것의 꼭대기에 돈이 군림하고, 돈만 된다면 상식 밖의 일도 정당성을 획득합니다. 돈이면 아비어미도 없습니다.

학생… 정말 물신주의가 만연해요. 언제부턴가 모든 것에 가격을 매기는 일에 익숙해졌어요. 댐 건설 탓에 환경이 파괴되는데 '10조 원'의 피해가 예상된다고 말하죠. 철새 한 마리, 나무 한 그루의 생명 값을 얼마로 쳤을까요? 사람의 안구나 콩팥 같은 장기에도 가격을 매겨 거래하고요. 연예인과의 하루 데이트 비용이 얼마라는 식의 얘기도 있어요. 돈만 있으면 뭐든지 구할 수 있는 사회에서 돈을 추구하지 않으면 이상한 사람이 되죠.

사실은 자본주의 사회의 특수한 현상

강사… 자본주의 사회의 생존 조건이 이러한데도, 이기적으로 굴지 말라고, 돈만 생각하지 말라고 말할 수 있을까요? 사람은 본성적으로 이기적이 아니라 자본주의 사회의 게임의 법칙 탓에 이기적이도록 길들여집니다. 어떻게든 생존해야 하니까요.

우리에겐 이런 삶이 당연하고 자연스럽게 느껴지겠지만, 누구에게나 그런 것은 아닙니다. 북한에서 살다가 온 탈북자들의 눈에 비친 남한의 모습은 사뭇 다르답니다. 제가 알고 지내던 탈북자에게 물어보았습니다.

"남한에 와서 가장 놀란 일이 무엇인가요?"

"병원에 갔는데 돈을 내야 치료받을 수 있다는 걸 알고 놀랐습니다. 돈이 없으면 치료도 못 받고 죽어야 하나요? 이해할 수 없었죠."

북한은 사회주의 국가이기 때문에 경제가 어렵더라도 꾸준히 무상교육, 무상의료를 실시했다고 해요. 그런데 남한은 완전히 다른 방식으로 병원이 운영되는 걸 보고 충격을 받았다고 합니다. 또 토지를 개인이 소유할 수 있다는 사실에도 놀랐다고 하더군요. 땅은 자연의 선물인데, 보이지 않는 금을 그어놓고 내 것과 네 것을 가리니 이해할 수 없었다며, 토지는 공공재로 모두에게 이익이 되는 방향으로 사용해야 하지 않겠냐면서요. 돈이 있어야 병원에 갈 수 있고 개인이 땅을 소유하는 것은 자본주의 사회에서는 '상식'입니다. 그런데 누군가에게는 '비상식'으로 보일 수 있는 거죠. 우리는 자본주의 사회의 특수한 현상을 보편적 현상으로 착각하고 있습니다.

학생… 조선 시대는 양반과 상놈으로 구분된 신분제 사회였습니다. 당시 사람들은 그것을 당연하게 받아들이며 살았고요. 지금 우리가 조선 시대를 보듯, 미래의 후손들이 역사를 공부하면서 지금의 자본주의 사회를 볼 수도 있겠네요.

강사… 진화심리학이라는 학문이 있습니다. 최근 각광을 받는 분야인데요. 인간의 심리를 진화론적 측면에서 연구하는 학문이죠. 인간의 심리 현상은 궁극적으로는 뇌라는 단백질 덩어리의 신진대사 결과입니다. 인간은 오랜 기간 생존과 번식에 유리한 방식으로 환경에 적응하며 진화해왔을 테고, 뇌 역시 진화 과정에서 생존과 번식에 좀 더 적합한 방식으로 다듬어졌을 겁니다. 그래서 뇌 활동의 결과인 인간의 심리를 제대로 이해하려면, 환경에 적응하면서 생존과 번식 확률을 높여온 인류의 진화 과정을 통해 인간의 심리를 파악해야 한다는 학문이죠.

인간에게는 식욕과 성욕만큼 본능적인 '인정욕구'라는 게 있습니다. 직장인이 상사에게 인정받고, 학생이 부모와 스승에게 인정받고, 정치인이 국민에게 인정받고, 사회운동가가 동지들에게 인정받고…. 음식이 육신의 양식이라면, 인정은 정신의 양식이라도 되는 듯 인간은 인정을 갈구합니다.

그런데 왜 우리에게 인정욕구가 본능적으로 탑재되어 있을까요? 진화심리학의 맥락에서 보면 이렇게 설명할 수 있습니다. 인간에게는 호랑이처럼 억센 근육과 발톱도 없고 토끼처럼 재빠른 다리도 없죠. 이 탓에 혼자서 생활하면 생존과 번식 확률이 크게 떨어집니다. 그래서 인간은 진화 과정에서 무리를 이루어 생활하게 됐습니다. 어떤 개인이 무리에서 배제되는 것은 사형선고나 다름없습니다. 피해야 할 두려운 상황인 거죠.

무리에서 배제되지 않으려면 다른 이들에게 '인정'받는 게 중요합니다. 인정받으면 무리에서 배제될 확률은 낮아지고 생존과 번식 확률은 높아집니다. 자신의 유전자를 후대에 남길 수 있겠죠. 이런 삶의 방식이 진화 기간 내내 지속되면서 우리의 유전자에 인정욕구라는 흔적을 남긴 것은 아닐까요? 호랑이라면 굳이 남에게 인정 따위를 받아야 할 이유가 없을 테니까요. 자신의 생존과 번식을 무리 속에서 확보할 필요가 없는 호랑이에게 인정욕구가 있다면 얼마나 어색하겠어요?

진화심리학의 맥락에서 보면 인간은 본성적으로 이기적인 존재가 아닙니다. 오히려 무리로부터 인정받기를 갈구하는 공동체 지향적 유전자가 인간에게 있다고 말할 수 있죠. 그런데 자본주의 시스템에서는 생존과 번식을 위해 '공동체'보다는 '화폐'를 섬겨야 합니다. 인간은 모든 것이 상품이 되는 시스템에 던져져 공동체에 대한 소속감보다 통장의 잔고를 중요하게 여깁니다.

안타깝게도 우리는 '호랑이'가 아닙니다. 공동체 안에서 인정이라는 정신의 양식을 먹고 살도록 진화해온 '인간'이죠. 화폐 관계 속에서는 진정한 공동체 소속감을 찾을 수 없습니다. 보유한 화폐 덕에 사람들에게 어느 정도 인정받을 수도 있겠지만, 돈 많은 부자들에게나 해당하는 얘기입니다. 자본주의 사회에서 대다수 사람들은 유전자 레벨에서 요구하는 정신적 양식이 결핍되어 소외감을 느끼며, 심할 경우 우울증과 공황장애 등 '정신적 영양실조'에 시달리게 됩니다. 사실 돈 많은 부자들조차 그러합니다. 사람들이 그저 자신의 돈만 좋아한다는 사실을 깨닫고 해결할 수 없는 정신적 갈증에 시달리죠.

최근에 정신적으로 불안한 사람이 많은 이유가 바로 여기에 있습니다. 이기심과 물신주의만을 증폭시키는 자본주의 시스템은 오랜 진화의 시간 동안 형성된 인간의 공동체 본성과 전혀 맞지 않아요. 그 부조화가 정신질환이라는 증상으로 나타나는 것이죠.

학생… 인간에게 이기심이 아니라 오히려 공동체 본성이 있다니, 전혀 생각하지 못했습니다. 그렇다면, 자본주의 사회구조가 계속되는 한 인간에게 희망이 없는 건가요? 모두가 이기심과 물신주의의 노예가 되고 사회는 병들어가기만 할까요?

강사… 인간은 주어진 환경에 의해 주조되어 로봇처럼 살아가는 존재가 아닙니다. 로봇은 감정이 없지만 인간은 감정이 있습니다. 이런 사회가 계속된다면 사람들 대부분은 행복과 즐거움보다는 슬픔과 분노를 느끼겠죠. 무엇이 잘못됐는지 고민하고 이유를 분석할 겁니다. 분노와 슬픔의 감정, 문제에 대한 이성적 분석은 사람의 행동을 변화시킵니다. 인간은 환경에 영향을 받지만, 또한 자유로운 두 손으로 환경을 바꾸는 존재이기도 하니까요.

자본주의 사회는 분명 이전 사회보다 장점이 많습니다. 하지만 여기가 인류의 종착역은 아닙니다. 자본주의 사회의 모순을 해결해 사람들이 더 행복하게 살 수 있는 단계로 나아가야죠. 자신의 노동이 소중한 만큼 다른 사람의 노동도 소중하다는 것을 깨닫고, 서로 존중하며 어우러져 사는 공동체를 만드는 것이 우리의 과제입니다. 그런 사회야말로 우리의 유전자에 새겨진 공동체 본성에 잘 들어맞지 않을까요?

혹시 몽상이라고 생각하나요? 조선 시대에 노비가 "나는 왕후장상에 씨가 따로 없다고 생각합니다"라고 말했다면 몽상가라고 불렸겠죠. 그런데 노비의 말이 지금 현실입니다. 세상은 끊임없이 변한다는 것을 잊지 마세요.

생각해보기

- 인간은 과연 본성적으로 이기적일까요?
- 자본주의 사회에서는 왜 이기적이 될 수밖에 없을까요?
- 물신주의란 무엇일까요?
- 진화심리학의 입장에서 인간의 본성을 어떻게 설명할 수 있을까요?

9강

자본가는
이윤을 어떻게 쓸까요?

강사… 오늘은 자본가가 이윤을 어떠한 방식으로 사용하는지 이야기해보도록 합시다.

$$M-C(LP,\ MP)-P-C'-M'$$

오랜만에 보는 자본의 일반공식이군요. 노파심에서 다시 설명하자면, 자본가는 초기에 자본금M으로 생산수단MP과 노동력LP을 구입합니다. 생산과정P을 통해서 시장에 내다 팔 상품c'을 만들어내는데, 이 과정에서 이윤의 원천인 잉여가치를 뽑아내죠. 생산된 상품c'을 시장에 내다 팔아서 돈M'을 법니다. 벌어들인 돈M'은 초기 자본금M보다 크다고 했습니다. 생산과정P에서 노동자의 잉여노동을 통해 잉여가치가 창출되기 때문입니다.

그러면, 자본가는 벌어들인 이윤을 어떻게 사용할까요?

단순재생산과 확대재생산

학생… 좋은 집 구입하고 고급 음식점에 가서 밥 먹는 데 쓰지 않을까요? 가족이랑 해외여행도 가고요. 저도 돈 많으면 그렇게 살고 싶어요. 가끔 TV에서 돈 많이 버는 사람들의 집을 소개할 때가 있는데요, 방도 많고 인테리어도 휘황찬란해서 정말 부럽더라고요. 궁금해서 집값을 검색해보면 수십억 원씩 하던데….

강사… 회사를 차려서 돈 많이 벌면 보통 그렇게 살죠. 검소한 사람들도 있지만요.

어리바리 회사는 하루에 500만 원씩 이윤이 나는데 사장이 낭비벽이 심해 매일 500만 원을 흥청망청 써버린다고 합시다. 한 끼에 20만 원짜리 식사를 하고, 밤에는 고급 술집에서 수백만 원을 허비합니다. 주말에는 내기 골프를 치러 가고요. 자식들에게는 청담동의 유명한 학원 강사를 개인 교사로 붙여 족집게 과외를 시킵니다.

이렇게 어리바리 회사의 사장처럼 이윤을 자본가 개인의 소비에 소진하는 상황을 자본의 일반공식으로 설명하겠습니다.

$$M - C \text{(LP, MP)} - P - C' - M'(=M+m)$$

어리바리 회사의 사장이 매일 벌어가는 이윤 500만 원이 m입니다. 사장이 이윤을 사치스러운 생활비에 흥청망청 써버리니, 새 기계를 도입한다거나 공장 규모를 늘리기 위해서 추가로 투자할 여력이 없겠죠. 이런 식으로 공장을 계속 운영한다면 사업 규모는 변하지 않고 똑같은 크기로 유지됩니다. 이렇게 말이죠.

제1순환: $M - C \text{(LP, MP)} - P - C' - M'(=M+m)$

제2순환: $M - C \text{(LP, MP)} - P - C' - M'(=M+m)$

제3순환: $M - C \text{(LP, MP)} - P - C' - M'(=M+m)$

제4순환: $M - C \text{(LP, MP)} - P - C' - M'(=M+m)$

제1순환, 제2순환, 제3순환, 제4순환은 자본가가 빵을 만들어서 시장에 팔고 돈을 버는 일련의 과정이 반복되는 것을 보여줍니다. 회사가 망하지 않는 이상 이 순환은 끝없이 계속되겠죠. 회사 규모에는 변화가 없으며 노동자는 다람쥐 쳇바퀴 돌듯이 같은 일을 반복합니다. 이처럼 재투자하지 않고 동일한 생산 규모를 지속적으로 반복하는 것을 **단순재생산**이라고 합니다.

무지막지 회사의 사장은 어리바리 회사의 사장과는 다르게 이윤 500만 원을 거의 쓰지 않고 저축합니다. 구내식당에서 노동자들과 함께 5,000원짜리 밥을 먹습니다. 결혼을 하지 않았고 자식도 없어서 딱히 들어갈 돈이 없습니다. 불가피한 상황이 아니라면 고급 술집에는 절대로 가지 않습니다. 골프에도 전혀 관심이 없고요. 이윤을 꼬박꼬박 저축해 제빵기계와 밀가루를 추가로 구입하고 직원을 더 뽑아서 사업 규모를 키웁니다. 규모가 커지니 벌어들이는 이윤도 나날이 증가하겠죠. 이 과정을 식으로 나타내면 다음과 같습니다.

제1순환: $M \longrightarrow C \longrightarrow M'\ (=M+m)$
제2순환: $M' \longrightarrow C' \longrightarrow M''\ (=M'+m)$
제3순환: $M'' \longrightarrow C'' \longrightarrow M'''\ (=M''+m)$
제4순환: $M''' \longrightarrow C''' \longrightarrow M''''\ (=M'''+m)$

제1순환에서 M으로 시작한 자본금은 제1순환을 마칠 때는 M'으로 불어납니다. 벌어들인 이윤을 재차 투자해 제2순환을 지난 자본금은 M''으로 더욱 불어납니다. 이런 과정이 지속되면 사업 규모는 점점 커지게 됩니다. 이윤을 재투자해 자본이 덩치를 불려나가는 이러한 과정을 **확대재생산**이라고 합니다.

물론 현실에서는 이윤을 어느 정도 모으기 전에는 사업을 확장하기 어렵습니다. 제빵기계 한 대를 추가로 구입하는 데 1억 원이 필요한데, 매일 발생하는 이윤 500만 원으로 기계 구입 비용을 모으려면 시간이 필요하죠. 예시처럼 매 순환마다 자본이 커지지는 않습니다. 일정 규모로 이윤을 축적해야 설비 투자가 가능하니까요. 여기에서는 단순재생산과 확대재생산의 차이를 설명하기 위해 과정을 좀 단순화했습니다.

학생… 단순재생산은 자본가가 벌어들인 이윤을 전혀 재투자하지 않는 걸 말하는군요. 그래서 사업 규모가 항상 다람쥐 쳇바퀴 돌듯이 제자리를 맴도는 거구요. 반면 확대재생산은 자본가가 이윤을 적극적으로 재투자해서 사업 규모를 키워나가는 거고요. 그런데 혹시 '축소재생산'은 없나요? 왠지 축소재생산도 있어야 구색이 맞춰질 것 같은데요.

강사… **축소재생산**은 사업이 잘 안되어서 기존 자본금까지 털어먹고 회사 규모가 축소되는 상황입니다. 가장 바람직하지 않은 상황이죠. 아무튼 이윤을 지속적으로 재투자해서 자본으로 전환하는 것을 **자본의 축적**이라고 합니다. 자본의 축적 과정은 자본주의 사회가 지속되는 한 끊임없이 계속되겠죠. 모든 자본가가 더 많은 이윤을 추구하기 위해서 쉬지 않고 이윤을 재투자할 테니까요.

학생… 갑자기 생소한 개념이 많이 나오니 머릿속이 복잡하네요.

자본의 유기적 구성

강사… 아직 더 남았는데요? 하하하. 지금까지처럼 차근차근 따라
오면 됩니다. 걱정하지 마세요.

이번에는 '자본의 유기적 구성'이라는 개념을 알아봅시다. 이
개념을 설명하기 위해 우선 기술의 발달이 생산 현장에 미치는 영
향에 대해 이야기해보겠습니다.

이전 시간에 영국에서 일어난 러다이트 운동을 언급했습니다.
새로운 기계의 발명으로 일자리를 잃은 숙련 노동자들이 기계를
파괴하려고 벌인 대규모 행동이라고 했는데요, 200년이 지난 지
금도 기술의 발달 탓에 노동자들이 피해를 입는 상황은 여전합니
다. 그래서 노동조합이 회사 측과 단체협약을 체결할 때 새로운
기술을 도입하려면 노동조합과 협의하라는 내용을 삽입하는 경우
도 있죠. 자본의 축적 과정, 다시 말해 확대재생산 과정이 진행될
때 기술의 발전은 구체적으로 어떤 영향을 끼칠까요?

무지막지 회사는 100억 원을 생산에 투자합니다. 불변자본c인
밀가루와 제빵기계 구입에 20억 원, 노동력인 가변자본v 구입에

80억 원을 투자합니다. 이때 불변자본c과 가변자본v의 비율을 계산하면 0.25가 나옵니다.

$$\text{자본의 유기적 구성} = \frac{C}{V} = \frac{20}{80} = \frac{1}{4} = 0.25$$

이처럼 불변자본c과 가변자본v의 비율을 **자본의 유기적 구성**이라고 부릅니다. 거칠게 얘기하자면, 투자비용에서 인건비 대비 설비투자비의 비중입니다. 투자비 100억 원 가운데 80억 원이 인건비이니 매우 '노동집약적'이라고 할 수 있겠네요.

30년 후 무지막지 회사에서 추가로 100억 원을 투자합니다. 그동안 새로운 기계가 발명되어 노동자들의 업무를 대체했습니다. 무지막지 회사의 사장은 100억 원의 투자비용 가운데 80억 원을 밀가루와 기계 구입에, 20억 원을 노동자 고용에 사용합니다. 불변자본c 구입에는 80억 원, 가변자본v 구입에는 20억 원을 사용한 것이죠. 그럼, 이때의 자본의 유기적 구성을 계산해볼까요?

$$\text{자본의 유기적 구성} = \frac{C}{V} = \frac{80}{20} = \frac{4}{1} = 4$$

자본의 유기적 구성이 0.25에서 4로 크게 증가했습니다. 투자비 100억 가운데 설비투자비 비중이 대폭 증가했다는 의미입니다. 이렇게 가변자본v에 대한 불변자본c의 비율이 상승하는 것을 **자본의 유기적 구성의 고도화**라고 합니다. 기술이 발달해 새로운 기계가 등장하면서 투자액에서 인건비 비중이 줄고 설비투자비가 증가하는 것을 뜻하죠.

학생… '노동집약적 산업'에서 '기술집약적 산업'으로 산업구조가 바뀌는 거네요. 그러면 아무래도 고용 문제, 그러니까 실업 문제가 심각해지지 않을까요? 투자비에서 인건비가 차지하는 비중이 대폭 줄어들 테니까요.

강사… 자본의 유기적 구성이 고도화되면 노동자들이 일터에서 쫓겨나는 경향은 분명 존재합니다. 마르크스는 일자리를 찾지 못해 실업 상태로 있는 사람을 **산업예비군**이라고 불렀습니다.

일자리를 찾지 못한 사람 입장에서는 막막한 노릇이지만, 자본가에게는 산업예비군의 존재가 오히려 큰 도움이 됩니다. 대규모의 산업예비군이 존재하면 자본가는 대체 인력을 쉽게 구할 수 있기 때문에 노동자와의 협상에서 유리한 위치에 섭니다. 자본가는 급속한 경기 팽창 시기에도 필요한 인력을 적당한 임금 수준으로 손쉽게 고용할 수 있죠. 반대로 사회가 완전고용 상태에 가까우면 자본가는 대체 인력을 구하기 어렵고, 노동자와의 협상에서 상대적으로 불리하겠죠. 노동자 입장에서는 자본가가 자신을 자르기 어렵다는 것을 알기 때문에 당당하게 자신의 권리를 주장할 수 있습니다. 만약 인력을 구하기 어렵다면 경기가 아무리 좋더라도 자본가가 생산규모를 대폭 확대할 수도 없겠죠.

학생… 요즘 청년실업 문제가 심각한데, 산업예비군 얘기를 들으니 더 주눅 드네요. 교수님 말씀대로라면 자본주의 사회에서 실업자의 존재는 필연적이라고 봐야겠어요.

강사… 우울한 얘기지만 현실이 그렇습니다. 자본가가 노동자를 반드시 고용해야 한다는 의무는 없으니까요. 자본가는 자신의 이윤 창출에 도움이 되는 한에서만 노동자를 고용합니다. 자본가의 이윤 창출에 도움이 되지 않는 사람은 자본주의 사회에서 먹고살 가치가 없다고 판명되겠죠.

아무튼 자본의 축적 과정에서 기술의 발달로 새로운 기계가 도입되면 산업예비군과 빈곤층의 수는 증가합니다. 마르크스는 이런 현상을 **자본주의적 축적의 절대적 일반법칙**이라고 불렀습니다.

생산수단은 누가 소유해야 할까

학생들… (침울한 분위기)

강사… 산업예비군 얘기가 나오니, 학생들 분위기가 너무 안 좋아졌네요. 여러분은 꼭 취직될 테니 걱정하지 마세요.

이번 시간에는 자본가가 이윤을 어떻게 사용하는지를 다루며 단순재생산, 확대재생산, 자본의 유기적 구성, 산업예비군 등을 배웠습니다. 강의를 마치기 전에 한 가지 더 할 얘기가 있습니다. 중요하니 집중해서 잘 들어주세요.

무지막지 회사의 사장은 그동안 벌어들인 이윤 100억 원을 어디에 투자할지 고민입니다. 제빵업계 시장이 포화되어 예전에 비해 돈벌이가 시원치 않기 때문에 다른 분야로 진출하는 것을 고려하고 있죠. 그러던 차에 최근 중국 관광객이 급증했다는 이야기를 듣고 관광업 진출을 검토하다가, 인공지능 사업이 블루오션으로 각광받고 있다는 소식에 눈이 갑니다. 친한 국회의원이 개발 예정 지역을 미리 귀띔해준 터라 땅 구매도 구미가 당기고요. 무지막지 회사 노동자들이 사내 복지에 이윤의 일부를 사용해달라고 요청해도, 사장은 경영권이 자신의 고유한 권한이므로 간섭하지 말라고 단호하게 거부합니다. 자본가인 그는 마치 독재자인 듯 회사의 모든 의사 결정을 좌지우지합니다.

삼성은 한때 자동차산업에 진출했다가 엄청난 손실을 입고 발을 뺀 경험이 있습니다. 수십조 원이 왔다 갔다 할 정도로 국민경제 전체에 큰 영향을 끼치는 투자가 재벌 총수 한 사람의 독단으로 결정된 사례죠. 그 당시에도 우리나라의 자동차산업은 포화 상태였습니다. 그럼에도 재벌 총수의 욕망 탓에 무리하게 자동차산업에 진출한 삼성은 국민경제에 엄청난 피해를 끼쳤습니다. 만약 그 돈을 무상의료와 무상교육 같은 복지 재원으로 사용했다면 사회에 크게 보탬이 됐을 겁니다. 그러나 자본가들은 이윤을 그런 곳에 투자하지 않습니다. 당연히 돈벌이에 도움이 되지 않기 때문이죠. 중요한 결정은 항상 자본가 개인의 몫입니다. 여러분은 회사의 이윤이 어디에 투자될지를 노동자가 결정했다는 얘기를 들어본 적이 있나요?

사회적 차원의 투자에서는 은행의 역할이 일반 기업보다 큽니다. 은행은 가계나 기업의 여유 자금을 예금으로 유치해 자금이 필요한 가계나 기업에 대출하고 이자를 받습니다. 이자 일부는 예금주에게 돌아가고 남은 돈은 은행의 몫이 됩니다. 은행은 막대한 예금을 어디에 대출할지 결정할 수 있는 엄청난 권력이 있죠. 수많은 기업이 은행에서 자금을 대출받는 데 사활을 겁니다. 자금력이 약한 기업이 은행 대출을 받지 못하면 기업 존속 자체가 어렵기 때문이죠. 은행이 대출해줄 때 최우선 고려 사항도 당연히 이윤입니다. 여러분은 은행이 무상의료와 무상교육 사업에 대출해주었다는 얘기를 들어본 적 있나요?

학생… 자본가가 모든 것을 결정하니 결국 자본주의 사회의 주인은 그들이네요. 저는 우리 국민에게 가장 시급하고 중요한 문제가 의료, 교육, 주택이라고 생각해요. 가족이 암에라도 걸리는 날에는 집안이 완전히 풍비박산 납니다. 비싼 사교육비 탓에 부모님들이 한숨만 쉬어요. 대학 등록금은 하늘 높은 줄 모르고 치솟고요. 집값은 터무니없이 비싸죠. 사회의 자원과 재원을 이런 문제를 해결하는 데 사용하면 정말 많은 사람에게 큰 도움이 될 거예요.

그런데 자본가는 휴대폰, 자동차, 선박 같은 걸 만들어서 외국에 팔아 돈 벌어오는 것에는 관심이 있어도, 국민의 기본 복지에는 전혀 관심이 없는 것 같아요. 물론 외국에서 돈을 벌어오는 건 좋은 일이죠. 하지만 그렇게 번 돈이 자본가 개인을 위해서만 사용되는 건 문제예요. 재벌이 누리는 부의 원천은 노동자의 잉여가치에서 나오니까요. 재벌 총수가 없어도 공장은 돌아갈 수 있지만, 노동자가 없다면 공장은 멈출 수밖에 없어요. 그럼에도 자본주의 사회는 소수 자본가의 이익을 위해서만 돌아가네요.

학생… 기업 입장에서는 이윤을 추구할 수밖에 없지 않나요? 기업이 더 많은 이윤을 내려고 노력하지 않으면 도태되어 망하잖아요. 이윤이 안 나는 상황에서 더 이상 물건을 생산할 수도 없고요.

강사… 그렇죠. 자본주의 기업은 이윤 추구가 목적일 수밖에 없습니다. 이윤이 안 나는데 어떻게 생산하겠습니까? 그런데 자본주의 사회 이전에는 이윤 발생 여부를 따지지 않고 농사짓고 물건 만들어서 생활했죠. 생각해보세요. 꼭 이윤이 생겨야만 물건을 생산할 필연적 이유가 있나요? 어떤 사람들 열 명이 산속에서 살려고 통나무집을 지을 때 이윤을 계산하면서 짓나요? 자신들이 살기 좋게 지으면 그만 아닌가요? 이윤이 안 나도 얼마든지 생산이 가능합니다. 단지 우리가 자본주의 시스템에 길들여졌기 때문에 어떤 경우에도 이윤이 생산의 유일한 목적이라고 믿을 뿐이죠. 가치를 창출하는 것은 인간의 노동이지 이윤이 아닙니다.

자본주의 사회에서 자본가가 독재자인 양 마음대로 결정할 수 있는 이유는 토지, 기계, 원료와 같은 생산수단을 독점적으로 소유하고 있기 때문이에요. 봉건 귀족이 거대한 장원을 소유해 권력을 행사했던 것과 같죠. 자본주의 사회의 국가 시스템은 사유재산 보호를 명목으로 자본가의 권력을 지켜줍니다. 생산수단을 소유하지 못한 사람들이 생계를 유지하려면 노동력을 자본가에게 팔 수밖에 없어요. 이런 구조에서는 민주주의를 제대로 실현하기 어렵습니다. 자본가 소수에게 권력이 집중될 수밖에 없으니까요.

마르크스는 진정한 민주주의를 실현하려면 생산수단의 소유권 문제를 손봐야 한다고 생각했습니다. 노동자가 임금노예로 착취당하는 상황에서 벗어나 생산 활동의 주체로서 존중받고 의사 결정에 참여할 수 있는 사회를 만들어야 한다고 봤죠. 그러기 위해서는 자본가가 독점 소유하고 있는 생산수단을 공동체의 소유로 전환해야 한다고 생각했어요. 그러면 소수의 이익을 위해 사회의 자원과 재원을 낭비하지 않고, 공동체의 복리를 증진시킬 수 있다고 판단했습니다. 또 이윤이 나지 않는다고 노동자를 해고하거나 생산을 멈출 일도 없겠죠. 필요한 만큼 일하면 될 테니 쓸데없이 장시간 노동을 하지 않아도 될 겁니다. 산업재해도 크게 감소할 테고 환경오염도 줄일 수 있을 겁니다. 이윤 창출이 생산의 목적이 아니라면, 이윤을 계산하는 일조차 없어지지 않을까요?

그런 사회가 되면 빵 만드는 노동자 김개똥 씨의 하루 8시간 노동은 이렇게 바뀔 겁니다.

자본주의 사회에서

하루 8시간 노동=필요노동(3노동시간)+잉여노동(5노동시간)

하루 8시간 노동=필요노동(8노동시간)

자신들이 생산하는 모든 것이 공동체에 두루두루 혜택으로 돌아오는 사회이기 때문에, 하루 8시간 노동이 온전히 필요노동이 됩니다.

학생… 마르크스의 얘기가 공상적으로 들리지만, 어쨌든 그런 사회의 모습에 조금이라도 가까워진다면 그것만으로도 바람직할 것 같아요. 지금처럼 무자비한 자본주의 사회는 정말 아니라는 생각이 많이 들거든요.

강사… 자본주의 사회의 가장 큰 문제는, 자본주의가 민주주의를 실현하기 어려운 시스템이라는 점입니다. 물론 마르크스의 생각이 다소 공상적으로 느껴질지도 모르겠습니다. 하지만 역사의 발전은 공상이 현실화하는 과정이었다는 것을 기억해주세요. 미국에서는 1920년이 되어서야 여성이 투표권을 얻었습니다. 1920년 이전의 미국에서 여성 투표권은 공상이었죠. 물론 공상이 현실이 되기 위해서는 수많은 사람의 노력과 투쟁이 필요하지요.

- 단순재생산과 확대재생산의 의미와 차이를 설명해봅시다.

- 자본의 유기적 구성이 고도화 된다는 말은 무슨 의미일까요?

- 산업예비군이 자본가에게 필요한 이유는 무엇인가요?

- 자본주의가 민주주의와 양립하기 어려운 이유는 무엇일까요?

자본가들은
잉여가치를 두고 싸워요

강사… 이번 강의에서는 '자본의 회전'이란 무엇인지, 그리고 노동자로부터 착취한 잉여가치를 두고 각 자본 '분파'가 어떻게 다투는지 알아보겠습니다.

$$M — C(LP, MP) — P — C' — M'$$

자본의 일반공식 기억하시죠? 여러 번 봤기 때문에 이제는 다들 익숙해졌으리라 생각해요. 그래도 복습 차원에서 식의 각 과정에 담긴 의미를 유통과정과 생산과정으로 구분해 다시 설명해보겠습니다.

M — C(LP, MP): 유통과정
자본가가 돈(M)으로 노동력(LP)과 생산수단(MP)을 구입하는 과정

P: 생산과정
생산수단과 노동력으로 상품을 생산하는 과정

C′—M′: 유통과정
생산과정을 통해 만들어진 상품을 시장에 팔아 돈으로 바꾸는 과정

초기 자본금M이 M—C(LP, MP)—P—C′—M′의 과정을 거치면 이윤이 붙어 돈M′이 불어납니다. 지금부터는 일련의 과정에 시간 개념을 함께 고려하겠습니다. 어리바리 회사의 사장이 초기 자본금M 10억 원으로 사업을 합니다. M—C(LP, MP)—P—C′—M′의 과정을 한 번 진행하는 데 걸리는 시간은 다음과 같습니다.

M—C(LP, MP): 1달
자본금(M)으로 노동력(LP)과 생산수단(MP)을 구입하는 데 걸리는 시간

P: 5달
상품 생산에 걸리는 시간

C′—M′: 6달
상품을 시장에 판매해 돈으로 바꾸는 데 걸리는 시간

M—C(LP, MP)—P—C′—M′의 과정을 완수하는 데 걸리는 시간은 1달+5달+6달로 총 12달, 즉 1년이 걸립니다. 어리바리 회사

의 이윤율을 20퍼센트라고 하면, 10억 원M이 1년 후에 12억 원M′으로 불어나겠죠. 자본주의 사회에서 기업의 목적은 최단기간에 최소 비용으로 더 많은 이윤을 내는 것입니다.

자본의 회전시간과 연간이윤율

강사… 그러면 일련의 과정에서 소요되는 시간을 단축하면 어떤 변화가 일어날까요?

> M—C(LP, MP): 1달
> P: 2달
> C′—M′: 3달

M—C(LP, MP)—P—C′—M′의 과정에 소요되는 시간은 6달(1달+2달+3달)로 단축됩니다. 1년에서 6개월로 줄어들었죠. M—C(LP, MP)—P—C′—M′의 과정을 1회 거쳤을 때 이윤율은 전과 동일하게 20퍼센트입니다. 초기 자본금M 10억 원은 6개월 후 12억 원M′이 됩니다. 12억 원 가운데 이윤인 2억 원을 미래를 위해 투자하려고 은행에 예치한 다음, 남은 10억 원으로 재차 M—C(LP, MP)—

P—C′—M′ 과정을 거치면 6개월 후엔 추가로 이윤 2억 원을 법니다. 전에는 1년에 2억 원을 벌었는데, 각 과정에서 소요되는 시간을 단축하니 같은 기간에 4억 원을 벌게 되었죠.

이처럼 자본은 M—C(LP, MP)—P—C′—M′과 같은 특정한 순환을 주기적으로 반복하는데, 이러한 순환 과정을 **자본의 회전**이라고 합니다. 1회전 하는 데 걸리는 시간이 **자본의 회전시간**이고요. 방금 든 예에서는 자본의 회전시간이 1년에서 6개월로 단축됐죠. 그 결과 동일한 기간에 벌어들이는 이윤이 두 배 증가했습니다.

학생… 이윤율은 똑같이 20퍼센트라고 하더라도, 1년이라는 동일한 기간에 M—C(LP, MP)—P—C′—M′ 과정을 몇 번 완수할 수 있느냐에 따라서 이윤의 양이 달라지는군요. 더 빠르게 회전할수록 이윤은 그 배수만큼 증가하겠네요.

강사… 그런 이유로 마르크스는 이윤율과는 별도로 **연간이윤율**이라는 개념을 도입합니다. 극단적인 예를 들어서 M—C(LP, MP)—P—C′—M′의 회전시간이 100년이라면 설사 이윤율이 100퍼센트라 하더라도 큰 의미가 없겠죠?

$$연간이윤율 = n \cdot \frac{S}{C+V} \quad \text{(n은 연간 회전 수)}$$

연간이윤율 식은 기존의 이윤율 식에 n을 곱한 형태로 나타납니다. n은 자본의 연간 회전수죠. 앞서 어리바리 회사의 경우에는 회전시간을 6개월로 단축했으니, 연간 회전수 n은 2가 됩니다. 기존의 이윤율 20퍼센트에 연간 회전수 2를 곱하면 연간이윤율이 40퍼센트입니다. 회전시간을 절반으로 단축하니 연간이윤율은 두 배로 증가했습니다. 회전시간을 4개월로 단축하면 자본의 연간 회전수가 3이니 연간이윤율은 60퍼센트가 되겠죠.

자본의 회전시간이 짧아질수록 연간이윤율이 상승하기 때문에 자본가는 좀 더 빠르게 생산해서 빠르게 판매하려고 합니다. 주간 근무뿐 아니라 야간 근무도 시키고 2교대 혹은 3교대로 조를 나눠서 하루 24시간, 1년 365일 쉬지 않고 공장을 돌리죠.

쉬지 않고 일을 시켜야 할 또 다른 이유가 있습니다. 생산과정에 사용되는 기계나 설비 때문인데요. 기술의 발전으로 새로운 기계가 등장하면 기존 기계와 설비는 구닥다리가 됩니다. 경쟁 업체에서 새로운 기계와 설비를 도입하면 한물간 기계와 설비로는 뒤처지게 마련입니다. 자본가 입장에서는 새로운 기계와 설비가 등장하기 전에 기존 기계와 설비를 놀리지 말고 최대한 사용해야 하죠. 그래야 기계와 설비 구입에 투입한 비용을 단기간에 회수할 수 있을 테니까요.

학생… 생산과정뿐만 아니라 유통과정에서도 회전시간을 줄이는 것이 중요할 것 같은데요? 물건을 빨리 팔아야 자금도 빨리 회수할 테니까요.

자본의 역할 분담과 잉여가치

강사… 그렇죠. 유통과정에서 걸리는 시간을 단축하는 것도 매우 중요합니다. 자본의 일반공식 $M—C_{(LP, MP)}—P—C'—M'$에서 $C'—M'$ 부분에 해당하죠.

예를 들어 설명해볼게요. 어리바리 회사에서는 유동 인구가 많은 지역에 일일이 점포를 내어 자사 제품을 판매하고 있습니다. 어느 날 어리바리 회사의 사장은 제조업체인 자신의 회사가 최종 소비자에게까지 상품을 판매하는 것은 매우 비효율적이라는 사실을 깨닫습니다. 점포 개설 비용도 만만치 않고, 해당 점포에서 일할 직원에게 꼬박꼬박 지급하는 임금도 부담되기 때문이죠.

어리바리 회사의 사장은 유통을 전문적으로 담당하는 회사에 자사 제품의 판매를 위탁하는 편이 비용을 줄이고 이윤을 극대화하는 데 더욱 유리하다고 판단합니다. 이마트, 롯데마트, 홈플러스, 월마트 같은 회사가 유통회사죠. 이런 회사는 제조업체의 제품을 도매가로 구입해서 소비자에게 소매가로 판매합니다. 도매가와 소매가의 차액이 이들의 이윤입니다.

이들이 M—C(LP, MP)—P—C′—M′에서 C′—M′ 부분을 전문으로 담당하면서 자본 내부에 역할 분담이 이루어졌습니다. 역할 분담을 통해 전문화했을 때 더 효율적으로 이윤을 낼 수 있죠. 이들처럼 유통 분야에서 전문적으로 활동하는 자본을 **상업자본**이라고 합니다. 어리바리 회사와 같은 제조업체는 **산업자본**이라 하고요.

학생… 분업은 생산 현장에만 있다고 생각했는데, 자본 내부에도 있다는 것이 재미있네요. 혹시 산업자본과 상업자본 외에 다른 자본도 있나요?

강사… 산업자본과 상업자본 외에도 **대부자본**이 있죠. 자본의 일반공식 M—C(LP, MP)—P—C′—M′을 보면 초기 자본금M이 필요하다는 것을 알 수 있습니다. 일반적으로 자본가는 자신이 보유한 현금뿐 아니라 금융권에서 대출을 받아 초기 자본금을 마련하죠. 소규모로 시작하는 것보다 대출을 받더라도 좀 더 큰 규모로 시작하는 편이 유리하기 때문입니다. 또한 기술의 발전으로 초기 설비 투자비가 증가하는 추세에 있기 때문이기도 하죠. 이때 자본의 운동 과정에서 필요한 자금을 빌려주고 그 대가로 이자를 챙기는 자본을 대부자본이라고 해요.

이 외에 **지주자본**이 있습니다. 토지를 임대하고 대가로 임대료(지대)를 챙기는 자본이죠. 산업자본, 상업자본, 대부자본, 지주자본은 M—C(LP, MP)—P—C′—M′ 과정 속에서 각각 자신이 맡은 역할을 수행하면서 이윤을 취득합니다.

산업자본은 물건을 만들어서 상업자본가에게 넘기면서 이윤을 얻고, 상업자본은 물건을 소비자에게 판매해 이윤을 얻고, 대부자본은 자금을 대출해주고 이윤을 얻고, 지주자본은 토지를 대여해주고 이윤을 얻습니다.

> 산업자본: 물건을 만들어 상업자본가에게 넘겨 이윤을 냄
> 상업자본: 물건을 소비자에게 판매해 이윤을 냄
> 대부자본: 자금을 대출해주고 이윤을 냄
> 지주자본: 토지를 대여해주고 이윤을 냄

이들 자본은 똑같이 '자본'이라고 불리지만 서로 사이는 썩 좋지 않습니다. 왜 그럴까요?

학생⋯ 제조업체는 자사 제품을 유통회사에 더 높은 도매가로 판매하고 싶고, 유통회사는 반대로 더 싼 값에 제품을 구입하고 싶겠죠. 갈등이 생길 수밖에 없지 않을까요? 신문에서도 대형마트가 납품업체에 '갑질'한다는 기사가 나오던데요. 대부자본의 경우, 금융회사는 대출 이자를 많이 받고 싶지만 빌리는 회사 입장에서는 낮은 금리로 대출받아서 이자 비용을 조금이라도 줄이고 싶을 테죠. 지주자본도 토지를 임대하는 측과 임차하는 측이 임대료를 놓고 갈등할 테고요.

강사⋯ 그렇죠. 하지만 간과해서는 안 될 사실이 있습니다. 산업자본의 이윤, 상업자본의 이윤, 대부자본의 이자, 지주자본의 지대는 모두 그 원천이 한곳입니다. 바로 노동자에게서 착취한 잉여가치죠. 자본 분파들은 M—C(LP, MP)—P—C′—M′에서 특정한 역할을 담당하면서, 노동자가 생산과정에서 창출한 잉여가치를 적당히 나눠 가집니다. 하나의 파이를 조각내어 여러 명이 챙기는 모습을 떠올리면 이해하기 쉽겠네요.

이 때문에 자본 분파들이 서로 다툴지라도 노동자에 대한 입장은 동일합니다. 잉여가치라는 파이가 커지면 각 분파의 몫도 늘어날 테니까요. 노동자들이 단결해서 자신의 권리를 요구하면, 이들은 언제 다퉜냐는 듯 하나의 자본가 단체로 똘똘 뭉쳐 대처하죠.

잉여가치

학생⋯ 교수님, 질문이 있는데요. 사실 지금까지 강의를 들으면서 새롭고 충격적인 내용을 접해서 신기하기도 했고 재미도 있었지만, 한편으로는 마음이 불편하고 머릿속이 혼란스럽습니다. 마르크스는 자본주의가 잘못된 구석이 많으니 결국에는 사회주의, 공산주의로 가야 한다고 얘기하는 것 같은데, 저는 그 생각이 잘못됐다고 생각해요. 모두가 함께 공동으로 소유하고 관리한다는 것이 더 평등하고 민주적으로 보이겠지만, 결국에 아무도 책임지지 않고 눈치 보면서 적당히 일할 것이 뻔해요. 사회주의는 실패했잖아요. 자본주의 자체도 그동안 많이 변해왔고요.

저는 최근에 '인간의 얼굴을 한 자본주의'가 필요하다는 얘기에 많이 공감합니다. 자본주의가 여러 면에서 사회에 나쁜 영향을 끼친다는 것은 알겠어요. 세계 곳곳에서 자성의 소리가 나오는 것만 봐도 알 수 있어요. '지속 가능한 자본주의'도 대안을 찾는 과정에서 나온 이야기라고 생각해요. 그래서 저는 자본가들이 책임감과 윤리 의식으로 회사를 경영해나갈 수 있도록 의식을 개혁하는 것이 더 현실적이라고 봅니다. 저도 나중에 회사를 경영하고 싶은 꿈이 있는데요, 저는 남들에게 모범이 될 좋은 경영 모델을 시도해보고 싶어요.

강사… 네. 학생의 불편한 마음을 충분히 이해합니다. 최근 '지속 가능한 자본주의'를 다룬 기사가 자주 보이는데요, 브레이크 없이 폭주하는 자본주의에 경종을 울린다는 생각이 들어 그 의미가 적지 않다고 생각합니다. 개인 이익에만 매몰되지 않고 사회에 공헌하는 '착한 자본가'가 필요하다는 뜻이겠죠.

　그런데 지난 강의에서 말했듯이 자본가가 '착하면' 시장의 살벌한 경쟁에서 도태되어 회사가 도산할 가능성이 높아집니다. 자본가도 교육받은 사람인데 환경이 중요하고 인권이 중요하다는 걸 왜 모르겠습니까? 그런데 현실에서는 폐수 정화 장치를 달고 굴뚝에 필터를 설치하면 추가 비용이 발생해 이윤이 줄죠. 환경 담당 공무원을 적당하게 '관리'해서, 폐수 정화 장치와 굴뚝 필터를 설치하지 않는 쪽이 금전적으로 더 이득이에요. 비정규직 문제도 마찬가지예요. 자기 자식이 비정규직으로 일하기를 바라는 자본가는 없을 겁니다. 하지만 사회적으로는 인건비를 줄이기 위해 비정규직 채용을 선호하는 분위기가 팽배하죠.

이런 것을 개별 기업의 결정에 맡기면 사실상 문제를 해결할 수 없습니다. 기업의 최우선 목적은 사회 공익이 아니라 자본가의 사익이거든요. 그래서 국가가 공익을 위해 법과 제도로 규제해야 하죠. 하지만 정부가 규제 조치를 취하면 자본가 단체는 시장의 자유를 침해당해서 경기가 위축된다고 거세게 항의합니다.

존재가 의식을 규정한다

강사… 마르크스는 **존재가 의식을 규정한다**는 유명한 말을 남겼습니다. 자본가로서 살아가는 '존재' 방식 때문에 자본가로서의 '의식'이 형성된다는 의미입니다. 자본주의에서 이윤 추구가 지상 목표인 자본가로서의 삶을 살게 되면, 그 구조에서 생존하기 위해 노동자를 착취하고 환경의 소중함을 간과하는 방향으로 의식이 형성됩니다.

물론 '착한' 자본가가 없지는 않습니다. 심지어 착한 자본가가 시장 경쟁에서 승리하기도 하죠. 하지만 그런 경우는 꽤나 특수합니다. 물은 높은 곳에서 낮은 곳으로 흐르지만, 그렇다고 해서 물 분자 하나하나가 다 위에서 아래로 내려오는 것은 아닌 것과 같아요. 어떤 물 분자는 다른 물 분자와 충돌해서 아래에서 위로 올라갈 수도 있어요. 물 분자 하나가 잠시 거슬러 올라간다고 해서, 물이 아래에서 위로 흐른다고 얘기할 수 있을까요? 어떤 자본가 한 명이 '착할' 수는 있어도, 자본주의 경쟁 구조에서 자본가계급 일반이 '착할' 수는 없습니다.

이런 맥락에서 판단할 때, 과연 '지속 가능한 자본주의'라는 것이 가능할지 저 개인적으로는 의문입니다. 물론 자본주의 사회도 끊임없이 변화해서 일부 국가는 높은 수준의 복지 제도를 운영합니다. 하지만 엄밀히 말해서 그런 복지 제도는 자본주의적 제도가 아니죠. 오히려 사회주의적 요소에 가깝습니다. 머지않은 미래에 복지 제도가 더욱 확충되어 사기업이 담당하는 경제 영역보다 국가와 공동체가 관장하는 경제 영역이 훨씬 커진다면, 그 사회는 더 이상 자본주의 사회라고 부르기 어려울 겁니다. 새로운 단계로 진입한 것이죠.

또한 자본가가 자본주의 사회를 개혁하거나 바꿀 수 있는 존재인지 생각해보면, 부정적일 수밖에 없습니다. 자본가계급은 자본주의 사회의 '주인'이기 때문입니다. 가령 노예 주인이 노예제 사회를 바꾸고 개혁할 수 있을까요? 자본가계급은 자본주의 사회가 지속되어야 권력을 유지할 수 있습니다. 자본가에게는 지금이 바로 천국이죠. 천국에서 꿀을 빨고 있는 사람에게, 당신이 꿀을 빠는 건 잘못되었으니 사회를 바꾸어야 한다고 얘기하면 얼마나 설득력이 있을까요?

대조적으로 노동자계급은 자본주의 사회의 모순을 한 몸에 떠안고 있습니다. 노동자에게는 자신을 착취의 현장으로 내모는 자본주의 사회를 개혁하고 바꿔야 할 충분한 이유가 있죠.

세상을 바꿀 주체는 노동자

학생⋯ 자본주의 사회 구조가 노동자를 힘든 삶으로 내몬다는 것은 십분 이해합니다. 하지만 자본주의 이전의 사회에서도 마찬가지 아니었나요? 노예제 사회에서 노예는 짐승 취급을 당했습니다. 봉건제 사회에서 농노 역시 착취에 시달렸고요. 그런데도 그들은 세상을 바꾸지 못했습니다. 노동자도 결국에는 노예나 농노와 비슷한 운명 아닐까요? 제가 너무 비관적인가요?

강사⋯ 사실 미래가 어떻게 될지는 아무도 모르죠. 하지만 노동자계급에게는 이전의 노예나 농노와는 다른 점이 있습니다. 노예나 농노는 그 사회의 모든 모순을 한 몸에 떠안은 **피착취계급**이었죠. 하지만 그들에게는 '사상'이 없었습니다. 사람은 어떠한 사상적 틀로 세상을 바라보고 문제를 인식합니다. 그런데 세상을 비판적으로 분석하고 판단할 사상이 없으니 착취로 시달려도 무엇이 잘못되었으며 무엇을 고쳐야 할지 알지 못했습니다. 다만 답답한 현실에 대한 '즉자적' 분노만 있었죠. 분노가 폭발해 대규모 반란이나 항쟁을 일으켜 간혹 부분 전투에서는 승리하기도 했지만, 현실을 제대로 분석하고 대안을 마련할 사상이 없으니 전쟁에서는 패배했습니다.

노동자계급은 노예나 농노와는 이런 점에서 근본적으로 다릅니다. 노동자계급에게는 사상이 있습니다. 자본주의 사회를 과학적으로 분석해 그 모순을 정확하게 파악하고, 세상을 어떻게 바꿔야 할지 알려주는 사상 말입니다. 마르크스는 그 사상의 기초를 닦은 역사적 인물입니다. 자본주의 사회에서는 업무를 수행하기 위해 일정 수준의 교육을 받은 노동자가 필요합니다. 그래서 모든 국민에게 일정 수준의 교육을 제공하는 '보통교육' 제도를 시행합니다. 노동자는 노예나 농노와는 달리 일정 수준의 교양을 갖추게 됐습니다. 진보 지식인은 일정 수준의 교양을 갖춘 노동자계급에게 사상을 전파하죠. '깨어나고' 의식이 높아진 노동자계급은 노동조합이나 진보정당을 만들어 선거에 나섭니다. 복지국가의 역사를 보면, 노동당이나 사회당 또는 사회민주당 등 진보정당이 집권하면서 법과 제도를 바꿔 복지사회를 건설했습니다.

인간은 주어진 환경과 사회구조에 수동적으로 영향받기만 하는 존재가 아닙니다. 존재에 의해 의식이 규정되기만 했다면, 인류 역사는 발전할 수 없었겠죠. 인간은 '실천'하는 존재입니다. 자유로운 두 손으로 주어진 환경을 개조할 수 있습니다.

사상과 조직은 실천을 위한 토대입니다. 사상이 있어야 실천 방향을 잡을 수 있으며, 같은 사상으로 똘똘 뭉친 조직이 있어야 위력적인 실천이 가능합니다. 사상과 조직이 있기 때문에 노동자계급에게는 노예나 농노와는 달리 세상을 바꿀 잠재력도 있습니다. 현존하는 여러 복지국가가 그 가능성을 보여주고 있고요.

학생… 교수님의 말씀을 듣고 보니, 제가 그런 측면을 간과한 것 같습니다. 마르크스의 《자본론》을 공부하는 것도 바로 그런 사상을 배우는 것이네요. 저는 한국 근현대사를 공부하는 동아리 활동을 하고 있어요. 우리나라 근현대사를 보면, 친일파가 해방 후에 미군정에 붙어서 자신들의 기득권을 유지하면서 자신들에게 저항하는 사람들을 대규모로 학살한 일이 많더군요. 고등학교 때까지는 이런 일이 있었는지도 잘 몰랐다가 대학교에 와서 근현대사 관련 세미나를 하면서 알게 되었어요. 가끔은 참을 수 없을 만큼 분노가 치밀기도 해요.

강사… 분노라는 감정이 나쁜 것만은 아닙니다. 사람이 로봇은 아니잖아요? 만약 사람에게 감정이 없다면 잘못된 현실에 분노할 수 없겠죠. 잘못된 것을 바로 잡으려는 의지조차 생기지 않을 겁니다. 불의에 대한 분노는 세상을 바꾸는 원동력이에요. '이성'만큼이나 '감성'도 중요합니다. 이성이 우리에게 방향타 역할을 한다면 감성은 추진력과 같은 것이니까요.

학생… 저는 교육 문제가 심각하다고 생각해요. 사실 초등학교 때부터 지금까지 학교에서는 이런 내용을 배운 적이 없어요. 대부분 노동자가 될 것이 빤한데, 노동자 입장에서 알아야 할 내용보다는 오히려 자본가 입장에서 바라보는 세상만을 배운 것 같아요. 학교 교과서에는 시장의 보이지 않는 손이 모든 것을 조화롭게 결정한다고만 얘기하거든요. 비정규직 문제가 왜 발생하고 노동자는 왜 열심히 일해도 항상 어렵게 살아야 하는지, 사회는 왜 이렇게 빈부 격차가 심해지는지에 대해서 진지하게 성찰한 내용을 배워본 적이 없어요. 10년이 훨씬 넘게 학교를 다녔는데도 말이죠.
　제 아버지는 그 누구보다도 열심히 일하셨어요. 그런데 얼마 전에 회사에서 정리해고됐어요. 어머니는 제 학비를 보태시겠다고 동네 대형 할인점에서 비정규직 계산원 일을 하십니다. 이제껏 학교에서 왜 노동자가 이렇게 살아야 하는지에 대해서 진지하게 가르치는 것을 본 적이 없어요.

강사… 정말 교육 문제가 심각하죠. 제가 학교에 다닐 때는 더 심했어요. 무슨 '반공' 도서, '반공' 만화 같은 책을 강제로 읽히고 독후감을 써오라고 했습니다. 아이들이 뭘 알겠어요? 그냥 그런가 보다 하는 거죠. 균형 있게 양쪽 의견을 동등한 비중으로 소개해준다면 좋겠는데, 너무 자본가 쪽 입장만 대변하는 내용이 많습니다. 최소한 학교에서 노동법이라도 가르쳐야죠. 노동자로서 자신의 권리를 어떻게 지켜야 하는지를 알아야 아르바이트하면서 임금이라도 떼이지 않겠죠.

학생… 교수님, 수업 끝날 시간이….

강사… 앗! 벌써 끝날 시간인가요? 오늘은 질문을 받다 보니 두서없이 이런저런 이야기를 많이 한 것 같군요. 다음 시간에는 독점자본과 공황을 공부하겠습니다.

생각해보기

· 자본의 회전시간이라는 개념을 설명해봅시다.

· 자본의 회전시간 단축이 왜 자본가에게 이익이 될까요?

· 산업자본, 상업자본, 대부자본, 지주자본의 성격을 설명해봅시다.

· 왜 노동자계급이 세상을 바꿀 수 있는 주체일까요?

자본주의 세상에
독점자본과 공황은 필수!

강사… 어느덧 열한 번째 강의군요. 참 시간 빠르네요. 그동안 뒤도 돌아보지 않고 정신없이 공부한 것 같습니다. 오늘은 독점자본과 공황을 함께 공부할 텐데요, 본내용에 들어가기에 앞서 지금까지 해온 것을 간단하게 되짚어보죠. 지금까지 배운 강의 제목을 한번 써볼까요?

1강 자본론, 왜 공부해야 하죠?
2강 자본주의는 모든 것을 상품으로 만들어버려요
3강 돈이 자본으로 바뀌었어요
4강 이윤은 노동자의 빼앗긴 시간에서 나와요
5강 왜 회사는 늦게 퇴근하는 것을 좋아할까요?
6강 기술이 발전할수록 더 착취당한다고요?
7강 자발적으로 착취를 강화하는 방법이 있다고요?
8강 이기적 인간, 자본주의 사회에 맞춰진 인간

저는 책을 볼 때 목차를 자세히 살펴봅니다. 책에서 다루는 내용은 목차에 다 나와 있거든요. 여러분이 제대로 공부했다면 강의 제목만 보고도 내용이 떠올라야 합니다. 어떤가요?

학생… 3강을 공부할 때 돈과 자본이 다르다고 했는데, 사실 구체적으로 감이 잘 안 왔습니다. 그때까지만 해도 자본이라는 단어의 의미가 잘 파악되지 않았어요. 그런데 계속 공부하면서 그 개념이 점점 명확하게 느껴졌습니다. 노동자의 잉여가치를 먹고 끊임없이 자신의 덩치를 불려나가는 자본의 모습이 머릿속에서 구체적 이미지로 떠오르기도 했고요. 이제는 화폐가 자본으로 기능한다는 말을 확실히 이해합니다.

학생… 저는 8강 자본주의적 인간형에 대한 이야기가 인상적이었습니다. 사실 인간의 본성이 이기적이라고 생각했기 때문에 인간에 대한 기대가 없었다고나 할까요? 아무튼 전 좀 시니컬하고 염세적이었어요. 그런데 인간을 이기적으로 만드는 '매트릭스' 구조가 자본주의라는 것을 알고 제 인생관이 바뀌었어요.

7강에서 다룬 성과급제 얘기도 놀라웠어요. 그 전까지만 해도 성과급제를 시행하면 열심히 일한 만큼 받을 수 있으니 합리적이라고만 생각했거든요. 그런데 성과급제를 통해 자본가가 좀 더 효율적으로 착취할 수 있다는 얘기는 뭐랄까…, 참 신선했어요.

강사… 학생들이 정말 열심히 공부한 것 같군요. 다들 아시겠지만, 가장 핵심적인 내용은 4강이죠. 마르크스 《자본론》의 핵심인 '잉여가치론'을 다루고 있으니까요. 4강을 제대로 이해했다면 다른 내용은 논리적으로 어렵지 않게 도출할 수 있습니다. 대부분 잘 이해하고 따라오는 것 같아 안심됩니다. 혹시 잘 이해할 수 없다거나 궁금한 것이 있으면 제 이메일 주소 reltih@nate.com로 언제든지 물어보세요.

우리가 강의에서 다루는 내용은 《자본론》 내용의 일부입니다. 이 강의를 듣고 관심이 생긴 사람은 《자본론》을 구해서 읽어보기를 권합니다. 물론 내용도 어렵고 분량도 많아 쉽지는 않겠지만, 그래도 이 강의가 적지 않게 도움될 겁니다.

독점자본과 중소자본 그리고 노동자

강사… 그러면 오늘 주제에 본격적으로 들어가 볼까요? 독점자본과 공황에 대해서 얘기하기로 했죠. **독점자본**이라는 단어는 익숙하죠? 반도체의 삼성, 자동차의 현대, 철강의 포스코, 통신의 SK처럼 시장을 석권하고 있는 거대 기업을 일컫는 단어입니다. 그런데 이 기업들은 처음부터 독점자본은 아니었습니다. 다른 자본들과 경쟁해서 이기거나, 혹은 정권의 특혜를 받고 덩치를 엄청나게 키워 독점자본이 됐습니다. 마르크스는 시장 경쟁 과정에서 독점자본이 형성되는 과정을 '집적'과 '집중'이라는 두 개념으로 설명합니다.

우선 집적부터 알아보죠. 확대재생산이라는 개념을 기억하나요? 벌어들인 이윤으로 생산수단과 노동력을 추가로 구입해서 생산규모를 확대해나가는 것을 확대재생산이라고 했어요. 이윤을 지속적으로 재투자하면 기업의 규모는 계속 커지겠죠? 확대재생산 과정을 통해 자본의 크기를 불려나가는 과정을 **자본의 집적**이라고 부릅니다.

자본의 집중은 무엇일까요? 시장에서는 다수의 기업이 무한 경쟁을 합니다. 갈수록 승승장구하면서 덩치를 불려나가는 기업이 있는가 하면, 경쟁에서 낙오해 도산하는 기업도 있죠. 경영이 악화되거나 도산한 기업은 다른 기업에 인수합병되기도 합니다. 이런 과정을 통해 자본이 덩치를 불려나가는 방법을 **자본의 집중**이라고 부릅니다.

집적과 집중 과정을 통해 규모를 키운 기업은 시장에서 독점적 지위를 얻을 정도로 큰 영향력을 갖게 됩니다. 이것이 마르크스가 《자본론》에서 설명한 독점자본의 성장 과정입니다. 생각해보면, 자본주의 사회에서 독점자본의 출현은 필연적입니다. 가령 전국에 있는 빵공장 100개가 시장에서 경쟁한다고 합시다. 그 회사들끼리 시장점유율의 적절한 균형을 이루며 비슷한 수준으로 동시에 발전하는 것이 가능할까요? 당연히 불가능하겠죠. 기업들이 시장에서 사활을 걸고 경쟁하는 과정에서 필연적으로 승자와 패자가 갈립니다. 승자는 유리한 상황을 적극 활용하여 시장점유율을 끊임없이 높이는데, 이 과정에서 독점자본이 등장하죠.

학생… 뉴스에서 시민단체들이 기자회견하는 것을 본 적 있는데요, 재벌이 독점적 지위를 이용해 시장에서 부당한 행위를 한다고 비판하더군요. 독점 재벌이 해체되어야 한다고 주장하더라고요. 중소기업을 육성하는 것이 경제의 대안이라고 하면서요. 그런데 《자본론》을 공부하면서 노동자의 입장에서 경제 현상을 생각해보게 됐는데요, 노동자 입장에서는 대기업 자본가든 중소기업 자본가든 자신을 착취한다는 점에서 마찬가지 아닌가요?

강사… 문제가 그렇게 단순하지는 않습니다. 대기업이나 중소기업이나 거기서 거기 아니냐고 하기에는, 독점자본이 시장에서 부리는 횡포와 그 폐해가 만만치 않아요. 시장에서 중소기업이 거대독점 재벌과 정면으로 '맞짱' 떠서 이기기란 불가능에 가깝습니다. 상당수 중소기업은 대기업에 부품이나 소재를 납품하는 방식으로 생존하기 때문이죠. 대기업이 진출하지 않은 틈새시장에서 근근이 운영하는 중소기업들도 있지만요.

대기업에 납품해서 살아가는 중소기업의 경우, 대기업이 이런저런 이유를 들어 납품 단가를 후려치거나 대금 결제를 제때 안 해주는 '갑질' 탓에 피해를 입는 경우가 많습니다. 그렇다고 항의할 수도 없어요. 대기업이 납품 업체를 바꾸기라도 하면 회사가 망할 수도 있기 때문이죠.

틈새시장에서 근근이 살아가는 중소기업의 경우에도 불안하기는 마찬가지입니다. 대기업이 이윤을 찾아 새로운 시장을 개척할 때 틈새시장으로 진출하는 경우가 이따금 있습니다. 대기업은 후발 주자이긴 하지만 엄청난 자금력으로 기존 중소기업들을 시장에서 단번에 압도합니다. 대기업 계열사들이 물량을 몰아주거나 부당하게 지원하는 경우도 많기 때문에, 중소기업은 애당초 공정하게 경쟁할 수도 없죠. 이런 상황을 견디지 못하고 대기업에 인수합병당하는 중소기업도 많습니다.

소비자도 대기업의 횡포를 피해갈 수는 없습니다. 독점자본은 경쟁자가 없기 때문에 시장의 가격을 마음대로 통제할 수 있는 큰 힘이 있습니다. 상품 공급량을 스스로 조절할 수 있고 가격을 책정할 때 다른 기업의 눈치를 살필 필요가 없기 때문이죠. 소비자 입장에서는 여러 기업이 경쟁할 때보다 상대적으로 더 비싼 가격에 상품을 구입하게 되겠죠.

하지만 독점 대기업의 폐해가 많다고 해서 무작정 대기업을 해체하자는 것도 올바른 접근은 아닙니다. 독점화된 대자본은 그 나름의 장점도 있습니다. 대기업은 풍부한 자금력과 수많은 인력으로 새로운 기술을 개발하고 대규모 사업을 펼칠 수 있죠. 고만고만한 중소기업이 할 수 없는 일입니다. 또 대기업이 아니면 절대로 할 수 없는 산업도 있어요. 반도체나 자동차, 조선 같은 대규모 설비투자와 엄청난 인력이 필요한 산업들이죠. 그렇기 때문에 대기업을 무조건 해체해야 한다는 둥 나쁘게만 보는 것은 편협한 시각입니다.

기업의 국유화와 민주적 운영

학생… 그럼 대기업 문제에 어떻게 접근해야 하나요?

강사… 단순히 대기업을 쪼개고 중소기업을 키우는 식으로만 문제에 접근하는 것은 적절치 않습니다. 우선 기업들이 공정하게 경쟁할 수 있는 환경을 조성해야겠죠. 대기업이 지배적인 지위를 이용해 중소기업에 횡포를 부릴 수 없도록 법과 제도를 정비해야 합니다. 대기업은 장점을 잘 살릴 수 있는 분야에서 역량을 펼치게 하고요. 그러지 않고 무작정 대기업을 해체해서 매각하려고 시장에 내놓으면, 결국 외국의 거대 자본이 살 가능성이 높습니다.

실제 1997년 IMF 외환위기 이후 우리나라 주요 은행과 기업의 주식 상당 부분이 외국 자본에 매각됐죠. 외국 자본은 국내 자본과 비교했을 때 국민의 여론과 정치적 분위기에 둔감합니다. 대한민국에 터 닦고 살 것도 아니고, 그저 돈만 벌어서 나가는 것이 목적이니까요. 그래서 국내 자본보다 훨씬 더 비정하게 정리해고를 하거나 단기간에 주식 가격을 띄우기 위해 비상식적으로 회사를 운영하는 경우가 빈번합니다. 이윤을 재투자하지 않고 주식 배당금으로 빼가는 경우도 흔하죠. 어떤 이들은 자본에 국적이 없다고 하는데요, 이런 점을 보면 자본에도 국적이 있습니다.

마르크스는 거대 독점기업을 국유화해야 한다고 봤습니다. 사회 전반에 영향을 끼칠 정도로 힘이 막강한 회사라면 어떤 개인이나 몇몇 사람이 좌지우지해서는 안 된다고 보았죠. 국유화해서 개인의 이익이 아니라 공동체 전체의 이익을 위해 민주적으로 운영해야 한다고요.

학생… 왜 마르크스가 국유화를 주장했는지는 이해합니다만, 솔직히 비현실적인 얘기 같아요. 물론 기업이 민주적으로 운영되면 좋겠죠. 그런데 국유화는 개인의 소유가 국가의 소유로 이전되는 거잖아요. 아무리 자본가의 부가 노동자를 착취해서 나온 것이라 하더라도, 자본가들이 얼마나 크게 반발하겠어요? 현실적으로 불가능하다고 봐요.

강사… 물론 기득권의 반발이 크겠죠. 하지만 사회 전반에 큰 영향을 끼치는 산업을 국유화한 선례가 없지 않습니다. 국영기업도 여전히 많고요.

대기업의 지분 구성을 보면 특정 개인이 회사를 좌지우지할 만큼 지분을 소유하고 있는 경우는 드뭅니다. 다수 주주에게 소유가 분산되어 있죠. 그럼에도 특정 재벌 가문이 적은 지분으로 기업을 뒤흔들어 문제를 일으키죠. 지분이 분산되어 있기 때문에 국가가 해당 기업의 지분을 어느 정도 확보하면 생각보다 큰 영향력을 행사할 수 있습니다. 이미 국민연금 등 정부 기금이 주요 기업의 지분을 적지 않게 보유하고 있어요. 그렇기 때문에 정부가 강력한 의지만 있다면 대기업 국유화를 추진하거나 공익 차원에서 경영에 개입하는 것이 가능합니다.

아무튼, 독점자본과 중소자본 사이에는 갈등과 모순이 존재합니다. 독점자본이 시장에서 지배력을 강화할수록 중소자본은 설 자리를 잃기 때문이죠. 그런데 이러한 경제 부문의 갈등은 정치 영역에 반영됩니다. 알다시피 새누리당은 명백하게 재벌, 즉 독점자본의 이해를 대변하고 있습니다. 새누리당의 전신인 한나라당의 이명박 대통령은 아예 재벌 기업의 회장 출신이죠. 박근혜 대통령은 선거 때 새누리당의 후보로서 수많은 복지 공약을 내세웠지만, 당선 후 복지 공약을 하나도 지키지 않고 재벌들 민원만 해결했습니다.

새누리당에 비해 상대적으로 개혁적인 포지션을 취하고 있는 더민주당의 경제정책을 보면 재벌을 견제하면서 중소자본의 활로를 열어주는 내용이 많죠. 일부 시민단체도 더민주당과 공조하는데요, 그러다가 개혁적 시민단체 출신 인사들이 더민주당에 입당해 정치 활동을 하는 경우가 많습니다.

하지만 새누리당이나 더민주당이 노동자들에게 보이는 태도는 크게 다르지 않습니다. 박근혜 대통령의 새누리당 정권, 노무현 대통령의 열린우리당(더민주당의 전신) 정권을 보세요. 우리나라 노동자 1,500만 명 가운데 거의 900만 명이 비정규직으로 고통받고 있는데도, 두 정권은 비정규직 문제를 해결하는 데 소극적이었습니다. 기업 인건비가 상승해 경제에 부담이 된다는 게 비정규직 문제를 방치하는 명분이죠. 두 정권이 그런 데에는 이유가 있습니다. 새누리당은 재벌과 친하고 더민주당은 상대적으로 중소자본과 더 친하죠. 그런데 대기업 자본가든 중소기업 자본가든 비정규직을 더 선호하는 점은 같습니다.

진보정당이 있지만 지지율이 낮다 보니, 비정규직 문제를 해결할 수 있는 정책을 법률로 제정해 실행할 역량이 없습니다. 노동자들의 의식이 높아지면 자연스럽게 진보정당을 지지하겠지만, 보수적인 교육과 언론의 영향 탓에 선거 때마다 자신의 이익에 반하는 투표를 합니다. 아직 갈 길이 먼 상황이죠.

학생… 사실 전에는 국유화가 바람직하지 않고, 민영화가 좀 더 진보적이라고 생각했어요. 그런데, 생각해보니 공기업을 민영화한다는 것은 결국 공공의 영역에 있던 기업을 이윤 추구가 목적인 자본주의 기업으로 전환한다는 의미네요. 만일 한국수자원공사를 완전히 민영화하면 결국 우리는 민간 기업이 파는 물을 사서 써야겠죠. 솔직히 그 이후에 벌어질 일이 무척 걱정됩니다. 공공성이 강한 기업을 민영화하는 건 올바른 정책 방향이 아니라는 생각이 드네요.

강사… 독점자본에 대해 얘기했는데, 어쩌다 보니 정치 얘기로 이어졌습니다. 경제와 정치는 동전의 양면과 같아서 따로 떼어서 얘기하는 것이 불가능할 때가 있습니다. 그럼 독점자본에 대해서는 이 정도로 정리하고, 이제 공황에 대해서 얘기해보죠.

여러분은 '공황'이라고 하면 어떤 것이 떠오르나요?

자본주의와 공황

학생… 저는 1997년 IMF 외환위기 때가 떠올라요. 그때 아버지가 사업을 하고 계셨는데 회사가 거의 도산 위기에 처할 정도로 힘들었다고 들었어요. 누나가 당시 음대 진학을 목표로 바이올린을 배우고 있었는데, 그만둘까 심각하게 고민했다고 하더라고요. 음악 공부하려면 돈이 많이 들거든요. 그때처럼 경제가 한꺼번에 무너지는 것을 공황이라고 하지 않나요?

강사… 그렇죠. IMF 외환위기 때를 떠올리면 공황이 무엇인지 알 수 있죠. 당시 다수 기업에서 엄청난 수의 노동자를 정리해고했습니다. 매일매일 기업이 문을 닫았고, 생활고를 비관해 사람이 자살했다는 소식 또한 끊이지 않았죠. 1990년대 초반 장밋빛으로만 보이던 경제 상황은 1997년 말을 시작으로 한꺼번에 무너져내렸습니다.

자본주의 사회에는 주기적인 경기변동이 있습니다. 경기가 상승 국면에 있다가도 어느 정도 시간이 지나면 침체기로 들어가죠. 일반적으로 경기가 상승 국면에서 최정점을 찍었다가 급격하게 붕괴되는 시점을 **공황**이라고 합니다.

그런데 인류의 역사를 살펴보면 딱히 자본주의 시대의 공황이 아니더라도 언제나 경제 위기가 있었죠. 먼 옛날, 주로 가축과 사람의 힘만으로 농사를 짓고 살던 시절에는 어떤 경제 위기가 있었을까요?

학생… 자연재해가 있지 않을까요?

강사… 네. 가뭄이나 홍수 같은 자연재해 때문에 농사를 망치게 되면 식량이 절대적으로 부족해져 먹을 것을 제대로 구하지 못해 굶어죽는 사람이 크게 증가했습니다. 《삼국사기》를 읽다 보면 식량

난으로 굶어죽었다는 얘기가 심심치 않게 나오죠. 당시의 경제 위기는 생계에 필요한 물자가 절대적으로 부족해 발생했습니다.

자본주의 공황의 양상은 그런 시대의 경제 위기와는 사뭇 다르죠. IMF 외환위기 때 먹을 것이 절대적으로 부족해서 힘들었을까요? 당시 기업 창고에는 물건이 가득 쌓여 있었죠. 문제는 그 넘쳐나는 재화가 전혀 판매되지 못하는 데 있었습니다. 반면 사람들은 생활고를 비관해 목숨을 끊기도 했어요. 한편에서는 물건이 넘쳐나서 망하고 다른 쪽에서는 생활에 필요한 재화를 구하지 못해서 망하는, 극도로 모순된 상황이 바로 자본주의 공황의 특징입니다. 시장의 보이지 않는 손에 맡기면 수요와 공급이 적절하게 조절된다는 주류 경제학의 신화가 무참히 깨지는 사건이죠.

학생… 현대 사회의 생산력 수준은 이미 전 세계의 인구를 먹여 살리고도 충분할 만한 수준에 도달했다는 내용을 책에서 봤어요. 그런데도 여전히 수많은 사람이 기아로 생명을 잃는 걸 보면 분명 사회시스템에 문제가 있네요. 그런데 자본주의 사회에 공황이라는 현상이 왜 일어날까요? 물자가 부족한 것도 아닌데요.

강사…자본주의 사회에 물자는 언제나 넘쳐나죠. 중요한 점은 공황이 일어나는 순간이 되면 그 넘쳐나는 상품이 제대로 팔리지 않는다는 겁니다. 상품이 팔리지 않으면 기업은 어떤 상황에 처할까요? 대출 이자도 갚아야 하고 자재를 구매하면서 끊어준 어음도 지불해야 하는데, 상품이 팔리지 않으니 재고만 쌓이고 돈이 없습니다. 노동자들에게 줄 월급도 부족해지죠. 상황이 어렵다는 것을 눈치 챈 은행에서는 늦기 전에 대출금을 일부라도 회수하기 위해 기업을 더욱 압박합니다.

기업이 어려워지면 은행도 위태로워집니다. 대출해준 기업에서 이자도 제대로 못 받고 원금마저 떼이면 은행 재무 상태도 악화되겠죠. 그래서 은행은 대출 심사를 강화하고 부실한 대출에 대해서는 원금을 회수하려고 노력합니다. 그 결과 시중에서 돈을 구하기 어려워지는 신용경색 현상이 일어나죠. 또 금리가 급등합니다. 금리는 돈의 가격인데요, 시중에서 돈을 구하기 어려우니(돈의 공급량 급감) 수요공급의 법칙에 따라 금리가 대폭 상승하는 것이죠. 금리가 급등하면 기존에 변동금리로 대출받은 가계나 기업의 이자 부담이 증가합니다. 증가한 이자를 감당하지 못한 기업은 추가로 도산하죠. 기업 도산의 여파로 은행 부실화는 가속화되고 심한 경우 은행조차 파산합니다. 공황 시기에 경제는 바닥을 모르고 곤두박질치게 됩니다.

공황의 전개 과정을 개략적으로 설명했습니다. 여기서 정말로 중요한 순간은 바로 공황이 시작되는 때입니다. 어느 특정 순간부터 판매 부진으로 기업의 창고에 재고가 쌓이게 되는데요, 바로 그 상황이 공황의 시발점입니다. 그렇다면 왜 '어느 특정 순간'부터 상품이 팔리지 않아 창고에 재고가 쌓이게 될까요? 마르크스는 자본주의 사회의 특징인 **생산의 무정부성**無政府性이 그 원인이라고 봤습니다. 생산의 무정부성이라는 개념은 무엇을 의미할까요? 차근차근 알아봅시다.

자본가가 상품을 생산하고 판매하는 이유는 순전히 이윤 추구 때문입니다. 경기가 상승 국면에 들어서면 자본가는 장밋빛 전망에 기대어 생산을 확대하고 신규 투자를 합니다. 은행은 이자 수입을 기대하며 대출을 늘리죠. '물 들어올 때 노 저어야' 하지 않겠어요? 일련의 과정이 시너지 효과를 일으켜 경기는 지속적으로 상승 국면을 타게 되고, 이른바 **호황**에 접어들죠. 호황이 지속돼 경기과열 상태에 이르면 과잉생산 단계로 접어듭니다.

과잉생산이란, 단순히 상품을 너무 많이 생산했다는 의미가 아닙니다. 소비자들의 구매력으로 소화하기에 너무 많은 상품이 생산되었다는 뜻이죠. 신용 제도가 발전해 당장 돈이 없더라도 대출을 통해 투자와 소비가 가능합니다. 이 과정에서 바로 경제에 거품이 생성되는 겁니다. 안타깝게도 거품이 계속 유지될 수는 없겠죠. 거품은 언젠가 꺼지기 마련입니다. 특정 순간부터 상품이 시장에서 잘 판매되지 않습니다. 기업 창고에 재고가 쌓이고 상품을 생산하는 데 들어간 비용조차 제대로 회수할 수 없게 됩니다. 이 윤율이 급속도로 하락하는 상황에 직면하죠. 한마디로 자본가가 정상적인 이윤을 추구할 수 없을 정도로 너무 많은 상품이 생산된 상태를 **과잉생산**이라고 합니다.

자본주의 사회에서는 생산에 관한 결정을 온전히 자본가 개인의 판단에 의존합니다. 마르크스는 이런 특성을 생산의 무정부성이라고 불렀습니다. 사회적 차원에서 경제를 통제할 수 있다면 개별 기업의 생산 수준을 적절히 조절해서 거품을 미연에 방지할 수 있겠지만, 자본주의 사회에서 이런 행위는 개별 기업의 경영에 부당하게 간섭하는 일로 여겨지죠. 마르크스는 생산의 무정부성이 과잉생산을 낳고, 이 때문에 주기적으로 공황이 발생한다고 보았습니다.

자본주의 모순의 극적인 순간

학생… 공황의 원인은 과잉생산을 초래한 자본가의 개인적 결정 때문이지만, 가장 큰 피해를 보는 것은 노동자 다수 아닌가요? 수많은 노동자가 정리해고되어 집안이 파탄 나고 심지어는 목숨을 끊기도 하잖아요. 물론 자본가도 피해를 입겠지만, 노동자가 겪는 어려움에 비할 바는 아닌 것 같아요.

강사… 공황은 자본주의의 모순을 가장 폭력적으로 극명하게 보여주는 국면이라는 생각이 듭니다. 공황이 오더라도 창고에 재고로 쌓인 물건을 노동자들과 함께 나눠 가지면 그렇게 심각한 경제적 어려움을 겪지 않을 수도 있겠죠. 어차피 팔지도 못할 물건이니까요. 따지고 보면 창고에 쌓인 물건은 노동자가 직접 만든 것이기도 하죠.

그런데 이런 행위는 자본주의 사회의 신성불가침 영역인 사적 소유권을 침해하는 것입니다. 1997년 IMF 외환위기 때 국민이 "먹고 사는 것이 우선이다!"라고 외치며, 창고로 달려가 먼지 쌓인 물건을 집으로 가져와 생활을 해결했다면? 아마 폭도로 몰려서 전부 교도소에 수감됐겠죠.

금융 기법 발달은 경제공황을 더욱 부추길 뿐만 아니라 전 세계적으로 확산시킵니다. 인터넷을 통해 금융 상품이 실시간으로 거래되면서 엄청난 규모의 자금이 국경을 넘어 일순간에 들어왔다 나갔다 하죠. 단시간에 대규모의 거품이 형성될 수 있어요. 게다가 부동산 같은 고정자산까지도 작게 쪼개서 '유동화'한 금융상품이 국경을 넘어 판매되죠. 이 금융상품이 한꺼번에 부실화하면 세계경제 전체가 나락으로 떨어질 수 있습니다. 2007년 미국 서브

프라임 모기지 부실화에 따른 세계경제 공황은 그 위험을 여실히 보여준 사례입니다.

자본주의 경제는 경기상승과 경기하강 국면을 주기적으로 반복한다는 특징이 있습니다. 주기가 10년이다, 20년이다 아니면 불규칙하다 등 의견이 분분하지만, 자본주의 체제가 들어선 이후 공황이 어느 정도 주기성을 띠고 있다는 점은 분명해 보입니다.

공황을 분석할 때 고려할 또 다른 요소는 **과소소비**입니다. 소비자의 구매력이 부족해서 기업의 창고에 재고가 쌓일 수도 있겠죠? 가령 지금처럼 비정규직이 폭발적으로 늘어나는 상황이 지속되면 어떻게 될까요? 비정규직은 정규직과 비교해 수입이 절반에 불과하기 때문에 구매력이 떨어집니다. 비정규직이 증가하면 당연히 사회 전체의 구매력은 급감하죠. 자본가들은 비정규직을 선호하지만 사실은 자기 무덤을 파는 꼴입니다. 자본가가 만든 상품을 사는 사람들 대부분이 노동자이기 때문이죠.

학생… 더 많은 이윤을 얻기 위해 비정규직을 대폭 확대하는 것이 결국에는 사회 전체에 과소소비 현상을 일으켜 경제 상황을 악화시킬 수 있군요. 그런데도 자본가들은 비정규직만 선호하니 참 답답하네요.

학생… 이제까지 공황은 정부의 시장개입 탓에 발생한다고 여겼어요. 시장에 맡기지 않고 정부가 자꾸 경제에 개입하니까 시장 메커니즘이 교란되어 공황이 발생한다고 배웠거든요. 그런데 마르크스의 이론대로라면 자본주의 시장경제가 제대로 기능하더라도 그 무정부적 속성 탓에 공황은 필연적, 주기적으로 발생하는군요. 그래서 마르크스가 대안으로 **계획경제**를 생각했나요?

강사… 네. 마르크스는 경제가 자본가들의 개인적 이윤 추구 욕망에 따라 무정부적으로 운용되어서는 안 되며, 생산수단을 공동으로 관리하여 민주적이고 '계획적'으로 경제를 운용해야 한다고 생각했습니다. 그렇게 하면 공황이라는 기현상도 발생하지 않을 것으로 봤죠.

한편, 공황은 일부 자본가에게는 새로운 기회가 되기도 합니다. 공황 시기에 살아남은 기업은 위기에 처하거나 도산한 기업을 헐값에 인수합병합니다. 덩치를 더욱 불려 독점자본으로 성장하는 것이죠. 또 어려운 상황을 타개하기 위해 새로운 생산기술을 적극적으로 도입하기도 합니다. 호황 때는 변화를 줄 필요를 못 느끼다가, 위기가 닥치니 변화를 주는 거죠. 일반적으로 노동조합은 새로운 생산기술을 도입하는 것에 거부감이 있다고 말했죠? 자신들의 일자리가 줄어들 수 있기 때문에요. 공황 시기에는 정리해고와 구조조정으로 노동조합의 힘이 약화됩니다. 그래서 자본가는 좀 더 수월하게 새로운 기술을 도입할 수 있어요.

공황이 닥치면 수많은 사람이 구조조정이라는 명목으로 정리해고되고 일자리를 찾지 못한 젊은이 등 실업자, 즉 산업예비군이 넘쳐나게 됩니다. 주류 경제학에서는 취업과 실업이 노동자의 선택에 달렸다고 '가정'하는데요, 어처구니없죠. 일하고 싶어도 고용하는 곳이 없어 취직을 못 하는 건데…. 자본가는 노동자를 고용해서 돈을 더 벌 수 있다는 판단이 서지 않으면 절대 노동자를 추가로 고용하지 않습니다. 자본가는 사회복지사가 아니거든요. 더군다나 경제가 무너져 내리는 공황 시기에 그 무슨 이윤을 바라고 노동자를 새로 고용할까요? 해고하기도 바쁜데요.

자본주의 사회에 산업예비군이 대규모로 존재하는 이유는 노동자들이 3D 업종을 기피하거나 산업 규모에 비해 인구가 많기 때문이 아닙니다. 자본가계급이 적정한 이윤을 벌어들이면서 생산을 유지하기 위해 필요한 수준보다 '상대적'으로 인구가 더 많기 때문입니다. 앞 시간에도 언급했지만, 자본가의 이윤 창출에 도움이 안 되는 사람은 실업자로 살 운명이라는 뜻이죠.

맬서스Thomas Rovert Malthus, 1766~1834라는 이름의 사회학자를 들어 봤을 겁니다. 식량은 산술급수적으로 증가하는 반면 인구는 기하급수적으로 증가해서 위기가 올 것이라는 독특한 '인구법칙'으로 세상을 들썩이게 만든 사람이죠. 현대사회는 물질적으로 풍요롭습니다. 전 세계 사람을 먹여 살릴 수 있는 생산력이 있죠. 그럼에도 한쪽에는 잘 사는 소수가 있는 반면 다른 쪽에는 가난한 다수가 존재합니다. 맬서스의 인구법칙으로는 설명할 수 없는 현실이죠. 자본주의의 인구법칙은 자본의 이윤 창출에 도움이 되느냐 그렇지 않느냐가 기준이 됩니다.

학생… 노동자의 운명이 자본가의 이윤 추구 여부에 달렸다는 사실이 서글프네요. 자본의 이윤 창출에 도움이 안 되는 사람은 **잉여인간**이군요. 불필요하게 남아도는 인간….

강사… 안타까운 현실이죠. 마르크스의 이론에 따르면 공황의 근본 원인은 결국 자본주의 그 자체에 있습니다. 생산의 유일한 목적이 이윤 추구이고, 무엇을 얼마나 생산할지를 결정하는 일이 전적으로 자본가의 이윤 추구 욕구에 달린 상황 그 자체 말입니다. 자본주의 경제체제가 사회 전체 차원에서 생산과 소비를 조화시킬 능력이 없다는 것은 공황을 통해 판가름 났죠. 통제되지 않는 이윤 추구 욕구와 그에 따른 통제되지 않는 생산, 즉 생산의 무정부성이 공황으로 가는 길을 열어젖히는 거죠. 공황은 파괴적인 결과와 엄청난 손실로 자본주의가 제 모순을 가장 극적으로 드러내는 순간입니다.

　오늘은 독점자본과 공황이라는 주제에 대해서 다루어보았습니다. 조금 부족한 감이 있지만 이 정도에서 마무리하도록 하겠습니다. 어차피 공부는 스스로 하는 겁니다. 관심이 있다면 다른 책을 찾아서 더 열심히 공부해보세요.

생각해보기

- 자본의 집적과 집중을 설명해봅시다.
- 자본주의의 공황이 이전 시기의 경제 위기와 다른 점은 무엇일까요?
- 과잉생산의 의미를 설명해봅시다.
- 생산의 무정부성은 무엇을 의미하나요?
- 맬서스의 인구법칙과 마르크스의 자본주의의 인구법칙을 비교해봅시다.

이윤율은
하락하는 경향이 있어요

강사…이번 시간에는 《자본론》에서도 가장 논쟁적인 내용 가운데 하나인 **이윤율 하락 경향의 법칙**에 대해 공부하겠습니다. 이전 내용들에 비해 다소 어려우니 정신 바짝 차리세요. 이윤율 하락 경향의 법칙이니만큼 먼저 이윤율에서부터 이야기를 시작해보겠습니다.

$$이윤율 = \frac{S}{C+V}$$

이 식에서 분모와 분자를 동시에 V로 나누면 다음과 같습니다.

$$이윤율 = \frac{S}{C+V} = \frac{\frac{S}{V}}{\frac{C+V}{V}} = \frac{\frac{S}{V}}{\frac{C}{V}+1} = \frac{착취율}{자본의\ 유기적\ 구성비+1}$$

분자의 $\frac{S}{V}$는 착취율입니다. 분모에 있는 $\frac{C}{V}$는 자본의 유기적 구성비입니다. 앞 시간에 착취율과 자본의 유기적 구성비를 공부한 적 있죠? 잘 기억나지 않는다면 해당 부분을 복습하세요. 자본의 유기적 구성이 고도화한다는 것은 자본의 유기적 구성비인 $\frac{C}{V}$ 값이 증가한다는 의미입니다. 기술의 발전으로 가변자본v에 비해 불변자본c을 구입하는 데 필요한 돈이 더 증가하기 때문이죠. 이미 다뤘지만 복습한다는 생각으로 다시 살펴보죠.

생산성 향상으로 이윤율이 하락한다

강사… 100억 원을 사업자금으로 투자할 때 불변자본c에 20억 원, 가변자본v에 80억 원을 사용하면 자본의 유기적 구성비는 다음과 같습니다.

$$\text{자본의 유기적 구성} = \frac{C}{V} = \frac{20}{80} = \frac{1}{4} = 0.25$$

기술이 발전해서 새로운 기계가 발명됐습니다. 이 기계는 수많은 노동자가 하던 일을 혼자 알아서 척척 해냅니다. 그래서 100억 원을 투자할 때 불변자본c에 80억 원, 가변자본v에 20억 원을 사

266

용합니다. 변화된 상황에서 자본의 유기적 구성을 계산하면 다음과 같습니다.

$$\text{자본의 유기적 구성} = \frac{C}{V} = \frac{80}{20} = \frac{4}{1} = 4$$

자본의 유기적 구성비가 0.25에서 4로 증가한 것을 확인할 수 있습니다. 자본주의 사회에서는 기술 발전으로 인간이 하는 일을 기계가 점차적으로 대체하는 경향이 있습니다. 그래서 $\frac{C}{V}$가 지속적으로 상승합니다. 이윤율 식에서 분자인 착취율 $\frac{S}{V}$가 크게 변하지 않는다고 가정합시다. 분자 값은 그대로인 상태에서 분모 $\frac{C}{V}+1$이 지속적으로 증가하면 이윤율은 하락하는 경향을 띱니다. 이것을 **자본의 유기적 구성의 고도화에 따른 이윤율 하락 경향의 법칙**이라고 부릅니다. 이름이 무척 길죠?

학생… 자본주의 사회의 기술 발전이 장기적으로는 이윤율 하락으로 이어지네요? 이윤율이 계속 하락하면 자본주의는 더 이상 성장하지 못하고 파산할 수밖에 없을 텐데요, 그렇다면 이윤율 하락 경향의 법칙은 자본주의의 필연적 종말을 예언하는 건가요? 이윤 추구를 목적으로 돌아가는 사회에서 이윤이 나지 않으니….

착취율 증가가 이윤율 하락을 상쇄한다

강사… 그렇게 민감한 결론이 도출되기 때문에 자본의 유기적 구성의 고도화에 따른 이윤율 하락 경향의 법칙은 《자본론》에서도 논쟁의 중심에 있습니다. 따져보면 자본의 유기적 구성이 고도화될수록 이윤율이 하락하는 것은 당연합니다. 《자본론》의 이론 체계에는 이윤이란 노동자로부터 시간을 빼앗아 창출되는 것인데, 갈수록 노동자를 적게 고용한다면 그들에게 빼앗을 시간도 당연히 줄어들겠죠?

학생… 그런데 계산할 때 분자에 있는 착취율 $\frac{S}{V}$ 가 크게 변하지 않는다고 가정했는데요, 정말 그런가요? 이 가정이 틀리다면 상황이 달라질 수도 있지 않나요?

강사… 학생이 날카로운 질문을 했군요. 사실 이윤율 하락 경향의 법칙이 논쟁적인 이유는, 이윤율을 하락시키는 요인뿐만 아니라 이윤율을 상승시키는 요인도 동시에 존재하기 때문입니다. 이윤율 공식을 다시 옮겨보도록 하죠.

$$이윤율 = \frac{S}{C+V} = \frac{\dfrac{S}{V}}{\dfrac{C}{V}+1}$$

분자에 있는 착취율 $\dfrac{S}{V}$는 필요노동에 대한 잉여노동의 비율입니다. 앞에서는 착취율이 큰 변화가 없다고 가정했지만, 기술이 발전하면 착취율도 함께 증가하는 경향이 있습니다. 상대적 잉여가치 부분에서 배웠던 내용 기억하죠? 생산 현장에 새로운 제빵기계를 도입했더니 빵 1개의 가치가 3노동시간에서 2.5노동시간으로 감소했습니다. 하루 노동시간은 8시간으로 동일하고 일당도 빵 1개로 동일한 상황에서, 새로운 기계 도입 전과 후에 착취율이 어떻게 변하는지 계산하겠습니다.

새로운 기계 도입 전
8노동시간＝필요노동(3노동시간)**＋잉여노동**(5노동시간)

새로운 기계 도입 후
8노동시간＝필요노동(2.5노동시간)**＋잉여노동**(5.5노동시간)

$$\frac{S}{V} = \frac{5}{3} \simeq 1.67 \qquad\qquad \frac{S}{V} = \frac{5.5}{2.5} = 2.2$$

새로운 기계 도입 전   새로운 기계 도입 후 새로운 기계를 도입하니 착취율이 증가합니다. 기술의 발전이 분모에 있는 자본의 유기적 구성비만 증가시키는 것이 아니라 분자에 있는 착취율도 증가시키는 경향이 있음을 알 수 있죠.

장기적으로는 이윤율이 하락한다

학생⋯ 기술의 발전으로 분모와 분자의 수치가 동시에 증가한다면, 장기적으로 이윤율이 하락 추세에 있다고 단정하기 어렵지 않을까요?

강사⋯ 그렇죠. 기술의 발전으로 자본의 유기적 구성비와 착취율이 동시에 증가한다면, 결국 어느 쪽이 더 빠르게 증가하느냐에 따라 결과가 달라질 겁니다. 그럼 제빵기계 도입 전과 후에 이윤율이 어떻게 달라지는지 계산해볼까요? 상대적 잉여가치를 공부할 때 계산했던 식을 그대로 가져와 보겠습니다.

[수식1] 빵 8개의 가치
= 밀가루 8kg(8노동시간) + 제빵기계의 감가상각분(8노동시간)
+ 노동자의 8시간노동(8노동시간) = 24노동시간

[수식2] 빵 16개의 가치

= 밀가루 16kg(16노동시간) + 제빵기계의 감가상각분(16노동시간)

+ 노동자의 8시간노동(8노동시간) = 40노동시간

〔수식1〕은 새로운 기계를 도입하기 전의 상황을 나타낸 식이고, 〔수식2〕는 새로운 기계를 도입한 후의 상황을 나타낸 식입니다. 새로운 기계를 도입하기 전에는 1시간에 빵 1개를 생산했지만 새로운 기계를 도입한 후에는 1시간에 빵을 2개씩 생산할 수 있게 됐죠. 그럼, 각 경우의 이윤율을 계산하겠습니다(앞선 계산처럼 편의상 제빵기계 역시 밀가루처럼 소모되는 것으로 가정합니다). 우선 각 식을 이윤율을 계산하기 좋도록 C, V, S로 재구성합니다.

[수식3] 빵 8개의 가치

= C(16노동시간) + V(3노동시간) + S(5노동시간) = 24노동시간

[수식4] 빵 16개의 가치

= C(32노동시간) + V(2.5노동시간) + S(5.5노동시간) = 40노동시간

그동안 강의를 성실하게 들었다면 따로 이 식을 설명하지 않아도 이해할 수 있을 겁니다. 혹시 이해하는 데 어려움이 있다면, 해당 부분을 복습하기 바랍니다.

이윤율 식에 구체적인 수치를 대입하면 이렇게 나옵니다.

$$\text{새로운 기계 도입 전 이윤율} = \frac{S}{C+V} = \frac{5}{16+3} \simeq 0.263$$

$$\text{새로운 기계 도입 후 이윤율} = \frac{S}{C+V} = \frac{5.5}{32+2.5} \simeq 0.159$$

학생… 정말로 이윤율이 감소했네요. 이 경우에는 자본의 유기적 구성비의 증가 추세가 착취율 증가 추세를 압도했군요.

강사… 그렇습니다. 마르크스는 장기적으로는 자본의 유기적 구성비 고도화 추세가 착취율 증가 추세를 넘어설 것으로 보았죠. 장기적으로 이윤율이 하락할 것으로 본 거죠. 자본주의가 진행되는 과정을 보면, 스마트폰처럼 이전에 존재하지 않았던 상품이 등장합니다. 물도 예전에는 상품으로 거래되지 않았지만 지금은 돈을 주고 사 먹죠. 새로운 상품의 경우 대체적으로 높은 이윤율이 형성되기 때문에 이윤율 하락 경향을 상쇄하는 요소로 작용합니다.

어쨌든 이윤율 식의 내부에는 하락과 상승의 두 가능성이 함께 들어 있어 논쟁이 치열하죠. 장기적 이윤율을 실증적으로 계산해 이윤율 하락 경향을 증명하려는 학자도 있고, 동일한 방법으로 이윤율 하락 경향이 존재하지 않는다는 것을 보여주려는 학자도 있습니다.

학생… 그럼, 자본주의가 끊임없이 새로운 상품을 개발해 이윤 창출 영역을 확장하면 이윤율 하락 경향을 상쇄할 수 있나요?

강사… 그런데 자본이 끊임없이 이윤 추구 영역을 넓혀갈수록 자본에 피해를 입는 사람 역시 많아집니다. 가령 의료 민영화, 수도 민영화를 추진해 의료와 물 공급까지 완전히 상품화하면 어떻게 될까요? 가난한 사람은 의료와 물 공급이라는 서비스에서 배제되겠죠. 사회는 더욱 불안해질 겁니다. 자본주의의 통제가 확대될수록 자본주의의 폐해도 확대되는 것이죠. 그런 점도 동시에 고려할 필요가 있습니다.

학생… 저는 이세돌 기사와 인공지능 알파고의 대결을 정말 인상적으로 봤어요. 머지않은 미래에 로봇이 인간의 일자리 대부분을 잠식하지 않을까 하는 우려도 들더라고요. 기술이 발전해 로봇이 인간을 완전히 대체할 정도가 되면 자본주의는 어떻게 될지….

강사… 마르크스의 이론에 따르면 자본가의 이윤은 노동자가 생산

과정에서 창출한 잉여가치에서 나오죠. 만약 로봇이 인간 노동자를 전부 대체하면 잉여가치가 나올 수 없다는 결론에 이르게 됩니다. 노동자에게 빼앗은 시간에서만 이윤이 나오니까요.

그런데 기술이 궁극적으로 발전해 인간과 다름없이 감정을 느끼고 스스로 생각하는 인간형 로봇이 노동에 사용된다면, 결국 인간은 로봇을 착취하는 것일까요? 인간이 로봇에게 잉여가치를 뽑아낸다고 볼 수 있을까요? 간단히 결론을 낼 문제는 아닌 것 같아요. 다만 로봇이 일터에서 인간을 완전히 대체하는 때가 온다면, 그때는 자본주의가 아닌 다른 사회시스템이 필요할 겁니다. 자본주의 시스템에서는 대다수 사람이 일해서 받은 임금으로 먹고 사는데 로봇이 일자리를 대체하면 임금을 받지 못해 사람들이 굶어 죽게 될 테니까요. 그때에도 지금과 같은 자본주의 시스템이라면 인간은 멸종할 수밖에 없겠죠.

학생… 그때는 정말 인류의 생존을 위해서라도 사회주의나 공산주의 사회가 되어야겠네요.

강사… 하하하. 그렇겠군요. 오늘은 날씨도 좋고 하니, 좀 일찍 수업을 끝내겠습니다. 이런 날은 밖에 나가서 광합성을 해야죠. 공부만 하고 살면 재미없어요.

생각해보기

- 자본의 유기적 구성과 이윤율의 관계를 설명해봅시다.
- 이윤율 하락 경향이 왜 자본주의 사회에 큰 문제가 될 수 있을까요?
- 착취율의 증가가 어떻게 이윤율 하락 경향을 상쇄할까요?
- 새로운 상품이 어떻게 이윤율 하락 경향을 상쇄할까요?

13강

독점자본이 낳은 괴물, 제국주의

강사··· 여러분에게 반가운 소식을 한 가지 얘기하겠습니다. 오늘부터 강의가 끝날 때까지 수학 계산은 더 이상 안 나옵니다.

학생··· 와, 반가운 소식이에요. 저는 계산 때문에 약간 스트레스 받았거든요.

학생··· 저는 수식이 안 나온다니 조금 아쉬운데요. 자본주의의 구조가 간단한 수식으로 정리되는 것을 보고 내심 놀랍고 신기했습니다. 뉴턴의 물리법칙을 보는 것 같았어요.

강사··· 원래 과학의 매력이 다양하고 복잡해 보이는 세상만사를 관통하는 '법칙성'을 찾아내는 데 있죠. 뉴턴이 위대한 이유는 물체의 운동을 관통하는 법칙성을 발견하고 그것을 수학이라는 보편적 언어로 표현해냈기 때문입니다. 이런 점에서 마르크스는 사회과학계의 뉴턴이라고 할 수 있죠.

학생… 저도 비슷한 느낌을 받았습니다. 자본주의 사회를 보면서 이해 안 되는 점이 많았어요. 왜 열심히 일해도 가난한 사람이 여전히 많을까? 왜 모든 것이 돈을 중심으로만 돌아갈까? 그런데 《자본론》을 배우면서 오랫동안 궁금했던 점이 많이 해결됐어요. 왜 마르크스를 천재라고 하는지, 왜 《자본론》을 필독서로 추천하는지 알았다고나 할까요.

강사… 저도 대학시절 《자본론》을 읽고 엄청난 충격을 받았습니다. 천동설을 진리로 알고 있던 사람이 지동설을 알게 되었을 때 받는 충격이 그랬을까요? 여러분의 얘기를 들으니 저와 비슷한 경험을 하는 것 같아 감회가 새롭네요.

자! 오늘은 '제국주의'에 대해서 얘기하겠습니다. **제국주의**라는 단어를 들으면 여러분은 무엇이 떠오르나요?

학생… 저는 미국이 떠오릅니다. 아프가니스탄, 이라크 등을 침공해서 수많은 민간인을 학대하고 죽인 것이 매스컴을 통해서 드러났죠. 그게 다 석유나 가스 같은 자원 때문에 일어난 전쟁이라고 하더군요. 미국이 이라크에 바티칸시국 규모에 맞먹는 대사관을 지었다는데요. 제가 이라크 국민이라면 그 거대한 미국대사관을 보면서 어떤 생각을 할지….

학생… 강한 나라가 약소국을 침략해서 점령하고 지배하는 것을 제국주의라고 하지 않나요? 역사적으로 다양한 제국이 있었잖아요. 로마제국도 있고, 오스만제국도 있고, 히틀러의 독일제국도 있고, 미국도 있고요.

제국주의 대표 국가 미국과 독점자본

강사… 여러분이 생각하는 제국주의 이미지가 대략 비슷하다는 것을 알겠습니다. 그러면 좀 더 물어보도록 하죠. 도대체 이 '제국'들은 왜 남의 나라를 침략하고 지배하려고 할까요?

학생… 그거야 돈벌이 때문 아닌가요? 미국이 이라크를 침공했을 때도 석유 자본이 뒤에서 엄청나게 로비했다는 것은 이미 공공연한 사실이잖아요. 《미국과 맞짱뜬 나쁜 나라들》이라는 책을 읽었는데요, 유나이티드프루트컴퍼니United Fruit Company 라고 하는 미국의 일개 과일 회사가 과테말라의 진보 정부를 전복시킨 얘기가 나오더군요. 당시 과테말라의 아르벤스 정권이 미국 과일회사의 이익을 침해했기 때문이라고요.

학생⋯ 경제적 이익도 중요하겠지만 다른 지역에 대한 영향력을 유지하고 강화하기 위한 이유도 큰 것 같아요. 미국을 보면 세계 곳곳에 자국 군대를 파견하잖아요. 압도적인 군사력으로 그 지역의 국가들을 윽박지르는 거죠. 미국의 이익을 관철하기 위해서요. 우리나라에도 주한미군이 있고요. 최근에는 주한미군이 주로 중국을 견제, 겨냥하고 있다는 얘기를 많이 들었어요.

학생⋯ 우리나라 은행 주식의 절반 정도가 외국 자본들, 특히 미국 자본들 손에 있다고 들었어요. 투기 자본 론스타가 외환은행 주식을 헐값으로 인수한 뒤 노동자들을 엄청나게 정리해고해서 주식 값을 튀기고는 다시 되팔아 수조 원을 챙기는 것을 보고, 정말 해도 너무한다는 생각이 들었어요. 백주에 돈 수조 원이 탈법적으로 미국 투기자본에 넘어갔는데 정부는 미국 눈치만 보면서 제대로 대응하지 못하더라고요.

강사⋯ 의외로 학생들 시사 상식이 풍부하군요. 도대체 왜 미국과 같은 제국주의 국가가 생겨나는 걸까요? 여러분이 이미 얘기했지만, 그 배후에는 돈벌이, 즉 이윤에 대한 욕심이 크게 자리하고 있습니다.

미국은 석유와 같은 천연자원에 대한 탐욕으로 이라크와 아프가니스탄을 침공했죠. 이라크 전쟁, 아프가니스탄 전쟁을 치르면서 미국의 무기 자본들은 재고를 털어내고 엄청난 돈을 법니다. 미국의 건설회사들은 미군이 초토화해놓은 땅에 들어가서 건물을 새로 지으면서 돈을 벌죠. 2001년 9·11 테러가 발생하기 전부터 미국에서는 이라크를 침공한 후 어떻게 이권을 나눌 것인지를 놓고 정부 측 인사와 자본가 측 관계자가 회의까지 했다는 보도를 본 기억이 나는군요. 조지 부시 대통령과 딕 체니 부통령 같은 사람들이 석유회사나 무기회사의 CEO들이었으니 사실 그리 놀랄 일도 아니죠.

제국주의 현상을 이해하려면 독점자본을 살펴볼 필요가 있습니다. 자국의 시장을 평정한 독점자본은 자국 시장이 좁다고 느낍니다. 더 많은 돈을 벌려고 나라 밖으로 눈을 돌리게 되죠. 그곳에는 광활한 미개척 시장이 펼쳐져 있습니다. 제국주의 국가의 정부는 군사력을 동원해서 독점자본이 군침을 흘리는 나라의 문호를 강제로 개방합니다. 식민지로 삼는 것이죠. 제국주의 독점자본들은 식민지의 싼 원료와 인건비 등 유리한 조건을 활용해 굉장히 낮은 생산 비용으로 생산한 공산품을 식민지에 되팔아 엄청난 초과이윤을 획득합니다.

이런 방식을 '고전적 제국주의'라고 불러야 할까요? 최근 이라크나 아프가니스탄에서도 미국이 사용한 방식이니 고전적이라고 부르는 것은 적절하지 않을 수도 있겠네요. 그런데 군사력을 앞세워 직접 침공하는 방식은 식민지 국민들의 엄청난 저항을 불러옵니다. 저항이 거셀수록 식민지 관리와 유지에 큰 비용이 들게 되죠. 최악의 경우 식민지를 잃을 수도 있고요. 식민지 국민들의 저항과 투쟁이 격화되면 제국주의도 다른 방식으로 대응하게 됩니다. 이를 '노련한 제국주의'라고 해야 할까요?

미국의 노련한 제국주의 정책, 신식민주의

학생… 혹시 그런 노련한 지배 방식을 **신식민주의**라고 하지 않나요? 제가 지난 학기에 제국주의와 관련한 과제를 제출하면서 도서관에서 이것저것 찾아봤는데요. 그때 그 표현을 봤습니다.

강사… 맞습니다. 군사력을 동원해 강압적으로 지배하는 것이 식민주의라면, 드러나지 않게 경제적·문화적으로 지배하는 것을 신식민주의라고 하죠. 언제부터인가 **신자유주의**라는 용어도 많이 사용하는데요, 신자유주의의 배후에 미국의 신식민주의적 지배 방식이 숨어 있습니다. 구체적으로 얘기해보죠.

WTO, IMF, FTA 많이 들어봤을 텐데요. WTO는 세계무역기구World Trade Organization의 약자죠. IMF는 국제통화기금International Monetary Fund의 약자고요. FTA는 자유무역협정Free Trade Agreement의 약자입니다. 무역기구, 통화기금, 무역협정 등 다양하고 서로 연관이 없어 보이는 것의 배후에 미국의 신식민주의적 의도가 존재합니다.

WTO는 회원국이 162개국입니다(2016년 기준). 회원국이 모여서 하는 회의 내용을 들여다보면, 서로 무역할 때 장벽을 없애자는 얘기죠. 장벽 없이 자유롭게 무역하자는데 무슨 큰 문제가 있겠나 싶지만, 생각해보세요. 어디서 많이 듣던 말 같지 않나요? '군사적 제국주의' 시절에 철선과 군대를 이끌고 와서는 뭐라고 했던가요? 항구를 열어 무역하자고 했습니다. 둘이 비슷하지 않나요? 오늘날 국가는 수입품에 관세를 부과하고 자국의 특정 산업에 보조금을 주며 지원하고 있습니다. 아직은 걸음마 수준에 있는 자국의 산업이 성장할 수 있도록 보호하는 방법이죠. 대다수 선진국도 초기에는 다 그렇게 성장했어요. 그런데 다짜고짜 모든 나라의 시장을 활짝 열어젖히면 어떻게 될까요? 경제력이 약한

나라는 그나마 닦아놓은 기반마저 무너질 가능성이 높습니다. 하지만 제국주의 독점자본 입장에서는 무역 장벽을 신속하게 제거하고 싶을 겁니다. WTO의 배후에는 국경을 넘어 이윤을 추구하려는 제국주의 독점자본의 욕망이 존재합니다.

아무튼 WTO는 162개 나라가 모여서 회의하는데 논의가 만만치 않겠죠? 나라마다 이해관계가 다르다 보니 첨예하게 대립하는 경우가 많을 테고 합의안을 도출하기 어려울 겁니다. 설사 합의안을 만들었다 하더라도 구속력이 크지 않고요. 이런 교착상태를 돌파하기 위해 미국이 꺼낸 카드가 바로 FTA입니다.

학생… 그런 배경이 있는 줄은 전혀 몰랐어요. 우리나라도 미국과 FTA를 맺었는데요, 언론에 나온 협정의 세부 내용을 보니까 우리나라의 주권을 침해하는 조항이 곳곳에 있어서 논란이 많았던 게 기억납니다.

강사… 미국은 WTO라는 틀이 자기들 생각대로 돌아가지 않자, '각개격파'로 접근 방법을 전환했습니다. WTO라는 틀과는 별도로 '얘기가 잘 통할' 수 있는 나라들을 따로 지목해 FTA를 추진하죠. 캐나다, 멕시코 등과 체결한 NAFTA(북미자유무역협정)가 대표적이죠. 한국과 맺은 한미FTA도 있고요. 물론 FTA는 두 나라 혹은 여러 나라가 서로 협의해서 무역협정을 맺는다지만, 그 세부 내용을 보면 경제 주권을 넘겨준다고 할 만한 독소 조항들이 있어요. 미국과 FTA를 맺은 나라들의 공통점이 뭐냐면, 한마디로 미국의 강력한 영향권 아래 있다는 점입니다. 미국은 FTA를 통해 상대 국가의 시장을 개방해 자국의 독점자본이 그곳에 더욱 활발하게 진출할 수 있도록 길을 열어줍니다.

학생… WTO와 FTA에 어째서 신식민주의적 성격이 있는지 이해됩니다. 그런데 IMF는 좀 생뚱맞은 것 같은데요? IMF는 그냥 외환위기를 겪는 나라에 달러를 빌려주는 곳 아닌가요? 제국주의와는 별로 상관없을 것 같은데요?

강사… 그렇지 않습니다. 제2차 세계대전 이후 미국의 달러가 국제결제화폐(기축통화, key currency)로 사용되자, 달러를 보유해야 타 국가와 거래할 수 있게 됐습니다. 그런데 경제활동을 하다 보면 무역 적자 등의 이유로 달러 부족을 겪는 나라가 생길 수밖에 없어요. 이에 대비해 IMF를 만들어 달러가 부족한 나라에 긴급 대출을 해주도록 했죠. 하지만 IMF에 달러를 빌리려는 국가는 IMF가 요구하는 정책들을 수용해야 합니다. 이 정책들의 면면을 보면 IMF의 진짜 모습이 드러나죠.

우리나라는 1997년 외환위기 때 외환보유고가 거의 바닥나서 IMF에 급하게 돈을 빌릴 수밖에 없었습니다. IMF는 돈을 한꺼번에 그냥 빌려주지 않았습니다. 여러 번에 걸쳐 쪼개서 조금씩 빌려주면서 단서 조항을 달았어요. 대략 이런 내용이었죠.

- 국영기업의 민영화
- 정부 규제 철폐
- 복지 등 공공지출 대폭 축소
- 임금 동결 및 삭감
- 주식거래시장 외국인에게 완전 개방
- 기업의 세금 감면
- 노동조합 무력화
- 정리해고 도입 등 노동유연화 정책 실시

IMF는 제국주의 침략의 도구

학생··· 이 조항들이 제국주의와 관련 있군요?

강사··· 맞습니다. 제국주의 독점자본이 우리나라에 들어와서 이윤을 추구하기에 좋은 환경을 만드는 정책들이죠. 국영기업을 민영화하면 국내 재벌이나 제국주의 독점자본이 인수합니다. 정부 규제 철폐는 이윤 추구에 걸림돌이 되는 법이나 제도를 없애는 것입니다. 정리해고 도입과 노동유연화로 대량의 실업자가 발생하겠죠. IMF 외환위기 이후 비정규직 수가 엄청나게 늘어난 것은 다들 잘 알고 있죠? IMF는 달러를 빌려주며 이러한 요구들을 관철시킵니다.

또한 IMF는 고금리정책과 환율평가절하를 실시하는데, 이 정책의 배후에는 제국주의 투기금융자본의 이해관계가 숨어 있습니다. 고금리정책과 환율평가절하를 실시하는 명목적 이유는 이렇습니다.

고금리정책이라는 것은 말 그대로 시중 금리를 대폭 올리는 조치입니다. 우리나라의 경우 IMF 시절에는 예금 금리가 20퍼센트에 육박할 정도였죠. 금리를 대폭 올리면 외국자본이 높은 금리를 좇아 유입될 것이고, 유입된 해외 자금으로 부족한 달러를 확보한다는 것이죠.

환율평가절하는 이런 겁니다. 외환위기 전에는 1달러에 800원하던 환율이 외환위기 후 1,600원으로 올랐습니다. IMF의 환율평가절하 조치 때문이죠. 수출을 늘려 달러를 확보하자는 의도입니다. 우리나라 돈으로 800원 하는 제품을 수출할 때, 환율이 1달러에 800원이면 수출 가격은 1달러입니다. 환율이 1달러에 1,600원으로 오르면 수출 가격이 50센트 떨어지죠. 달러 표시 가격이 떨어지니 가격경쟁력이 생겨서 수출이 증가하고, 수출 대금으로 달러를 확보해 외환보유고를 늘린다는 것이죠. 하지만 고금리정책과 환율평가절하를 실시하는 진정한 이유는 따로 있습니다. 자본차익을 노리는 투기금융자본의 입장에서는 두 정책이 요술방망이인데요, 왜 그런지 살펴보죠.

IMF로부터 긴급구제금융을 받을 때 우리나라의 주식시장은 어려운 경제 상황이 반영되어 바닥을 쳤죠. IMF의 고금리정책으로 은행의 예금 금리는 20퍼센트에 육박할 정도로 올랐습니다. 여러분 같으면 이 상황에서 어떻게 하겠습니까? 빨리 주식시장에서 돈 빼서 은행에 넣어야죠. 주식시장에서 자금이 탈출해 은행으로 유입되는 현상이 가속화하면, 주가는 바닥마저 뚫고 지하로 파고들어갑니다. 바로 이때 제국주의 투기금융자본이 들어옵니다. 이미 IMF가 주식시장 전면 개방 조치를 취했기 때문에 아무런 제약도 없죠. 폭락한 주식들 가운데 향후 기대해볼 만한 우량주를 투기금융자본이 싹쓸이합니다. 당시 우리나라 은행 주식의 절반 이상이 외국인 소유가 됐습니다. 예컨대 IMF 외환위기 이후 국민은행의 외국인 주식 보유 비중은 전체 주식의 3분의 2가 넘을 정도로 높아졌습니다.

여기서 환율평가절하도 크게 기여합니다. 가령 제국주의 투기금융자본이 100만 달러를 우리나라 주식시장에 투자했다고 합시다. 환율이 1달러에 800원일 때 100만 달러를 환전하면 8억 원입니다. 그런데 1달러에 1,600원으로 오르면 무려 16억 원으로 환전할 수 있죠. 환율평가절하 덕분에 살 수 있는 주식이 두 배 증가합니다. 요컨대 고금리정책으로 주가를 떨어뜨리고 환율평가절하로 구매할 수 있는 주식의 양을 대폭 늘립니다.

학생… 헐, 완전 대박인데요? IMF의 정책 덕분에 외국 투기금융자본들이 주식을 헐값에 쓸어 담을 수 있군요. 정말 충격입니다.

강사… 이후의 상황도 중요합니다. 경기가 조금씩 회복되면 주가도 조금씩 오르겠죠. IMF도 높게 책정한 금리를 정상화하기 시작합니다. 그러면 어떤 일이 벌어질까요? 금리가 낮아지는데 주가는 오르니 자금이 은행에서 나와 주식시장으로 유입됩니다. 자금이 유입되면 주가는 더욱 오릅니다. 헐값으로 주식을 인수한 제국주의 투기금융자본은 주가 상승으로 큰 자본차익을 거둡니다.

경기가 회복되면서 평가절하됐던 환율도 정상화되는데요, 이 역시 투기금융자본에게 큰 이익이 됩니다. 가령 투기금융자본이 16억 원에 해당하는 주식을 보유하고 있다고 합시다. 제국주의 투기금융자본의 입장에서는 주식의 원화 가치보다 달러 가치가 중요합니다. 자신들의 재산을 달러 가치로 평가하기 때문인데요, 환율이 1달러에 1,600원이면 16억 원은 100만 달러입니다. 경제가 회복되고 환율이 원래대로 회복해서 1달러에 800원이 되면, 16억 원은 200만 달러가 됩니다. 환율하락만으로 주식의 달러가치가 두 배로 증가한 거죠.

요컨대 제국주의 투기금융자본은 IMF의 고금리정책과 환율평가절하 조치로 한국 기업의 주식을 헐값으로 인수한 후, 금리와 환율이 회복되는 시기에 어마어마한 차익을 거두었습니다. 정말 돈 벌기 쉽죠? 설상가상으로 투기금융자본은 장기 투자보다 단기 이익 극대화에만 관심이 있는 탓에, 대규모 정리해고나 거액의 배당금 유출 등 기업 발전에 큰 걸림돌이 되는 조치도 서슴지 않고 실행합니다.

학생… 투기자본인 론스타가 외환은행을 인수해서 대규모 정리해고를 하고 어마어마한 배당금과 자본차익을 챙겨 튄 사건이 생각나네요. 수조 원 규모로 이익을 챙겼다는데, 그 과정에서 버젓이 불법을 자행했다고 하더라고요. 그런데 우리나라 정부는 제대로 대응하지도 못하고….

강사… IMF에 이런 조치를 받은 나라가 100개국이 훨씬 넘습니다.

1980년대에 중남미 지역의 경제가 몰락한 이유도, 당시 IMF 긴급구제금융 대부분이 중남미 지역에 집중됐다는 사실과 무관하지 않습니다. IMF야말로 신자유주의의 전도사인 셈이죠.

학생… IMF는 180개가 넘는 회원국이 있다던데요(2016년 기준 189개국), 어떻게 미국이 IMF를 자기들 마음대로 움직일 수 있죠?

강사… IMF의 의사 결정 구조가 참 재미(?)있습니다. 의결할 때 1국가 1표가 아니라 1달러 1표입니다. IMF에 출자한 금액에 비례해서 투표권을 행사하는 거죠. 독특하게도 의안이 통과되려면 85퍼센트 이상 찬성을 받아야 하는데, 미국이 투표 지분의 16.66퍼센트를 보유하고 있습니다. 미국 한 나라가 반대하면 찬성률이 85퍼센트에 미치지 못해 의안이 부결되죠. 미국에 우호적인 서방국가의 지분율 역시 높기 때문에, 주로 미국과 서방국가에 유리한 방식으로 운영됩니다. 이 때문에 회원국 대부분은 외환위기를 겪더라도 IMF로부터 구제금융을 받지 않기 위해 안간힘을 씁니다.

우리나라도 외환위기 때 IMF의 긴급구제금융을 받지 않고 문제를 해결하려고 일본에 도움을 요청했습니다. 일본 역시 지원에 긍정적이었고요. 하지만 미국 측에서 한국에 자금을 지원하지 말라고 일본에 압력을 강하게 넣었습니다. 한국은 IMF의 긴급구제 금융을 받아야 한다는 뜻이었죠. 그래야 미국 자본가들에게 큰 이익이 될 테니까요.

학생··· 무서운 세상이에요. 신자유주의 세계화라는 흐름에는 투기 금융자본의 금전욕이 짙게 드리워 있네요. 어안이 벙벙해요.

강사··· 이해합니다. 저도 그랬으니까요. 제국주의의 배후에는 독점자본의 이윤 추구 욕망이 존재합니다. 자본주의 사회에서 독점자본의 출현이 필연적이듯, 국가마다 자본주의가 불균등하게 발전하면서 제국주의 국가가 생겨나는 것도 어쩌면 필연적일지 모르겠군요. 이런 상황에 대한 명확한 인식이 없다면 그리고 제국주의에 맞서서 약소국들이 함께 대응하지 않는다면, 강대국들의 제국주의 횡포는 끊이지 않을 겁니다.

생각해보기

· 미국은 왜 제국주의 국가로 불릴까요?

· 제국주의와 독점자본의 욕망에 대해서 생각해봅시다.

· 신자유주의가 왜 미국의 제국주의 정책인지 생각해봅시다.

국가는 절대
중립이 아니에요

강사··· 드디어 마지막 시간이군요. 막상 마지막이라니 후련하면서도 아쉽습니다. 《자본론》의 모든 내용을 다루지는 못했지만 부족하나마 강의를 통해 여러분이 더 많은 관심을 갖게 됐다면, 가르치는 사람으로서 보람을 느낄 것 같습니다.

이번 시간에는 **국가**에 대해 얘기하겠습니다. 국가는 방대하고 심오한 주제입니다. 제대로 다루려면 한 학기 내내 걸릴 정도죠. 그래서 이번 시간에는 자본주의와 관련된 내용에 국한해 국가의 성격과 의미를 다루겠습니다. 여러분은 국가라는 단어를 접하면 무엇이 떠오르나요?

학생··· 선거요! 사실 저는 지난 국회의원 선거 때 투표하지 않았어요. 평소에는 국민을 무시하면서 선거 때만 되면 표를 구걸하는 정치인들 모습이 정말 보기 싫었거든요. 자기들 잇속만 챙기려는 정치인들이 모여 국가를 운영하니 나라가 제대로 될 리가 없죠.

학생… 물론 정치인들이 잘못하는 점도 있지만, 국가는 치안을 담당하고 국민의 재산을 지켜주는 역할도 하잖아요? 저는 경찰행정학을 전공하는데요, 꼭 제 전공 때문이 아니라 국가가 치안을 맡아주니까 국민이 안전하게 삶을 영위할 수 있는 거죠.

학생… 저는 국가를 생각하면 우선 '법'이 떠오릅니다. 국가는 법체계로 구성되니까요. 모두가 합의하고 약속한 법을 공정하게 집행하기 위해서 존재하고요. 현실에 맞지 않는 법은 고치거나 폐기하기도 하죠. 국민들이 그런 일 잘하라고 세금 걷어서 공무원들월급 주는 거고요.

작고 강한 정부

강사… 학생들 생각 잘 들었습니다. 일반적으로 국가라는 기구는다양한 사회 세력이나 이익단체와는 어느 정도 거리를 두고 중립적으로 법을 집행한다는 이미지가 있습니다. 그런데 과연 그럴까요?

저는 '공공성'을 확충하고 강화하는 것이 국가의 중요한 역할이라고 생각합니다. 정부는 국민의 세금으로 운영되니 다양한 사안을 공익 차원에서 검토해야 합니다. 예컨대, 국민의 기초 생활과 행복 추구에 직접 영향을 끼치는 의료, 교육, 에너지, 수도, 통신, 철도 등은 공공재 성격이 강하죠. 이런 것과 관련한 분야는 국민 개개인이 최소한 기본 서비스를 받을 수 있도록 국가에서 관리하는 것이 바람직합니다. 그런데 언제부터인가 '작고 강한 정부'를 주장하며 국가의 역할을 축소하려는 목소리가 커지고 있습니다. 이와 관련해서 이명박 대통령 재임 때 제가 썼던 글 하나를 읽어보겠습니다.

이른바 작고 효율적인 정부를 만들겠다며 공무원 감축과 국영기업 민영화를 추진하고 있는 이명박 정부가 최근에는 군부독재 시절의 '백골단'을 연상시키는 검거전담반을 운영하겠다며 초강경 집회 시위 대응 방침을 추진하고 있어 논란이 계속되고 있다. 이명박 정부의 일련의 행보는 사실상 '작고 강한 정부'를 만들겠다는 하나의 목표를 향하고 있다.

신자유주의자로 악명 높은 영국의 마거릿 대처 수상과 미국의 로널드 레이건 대통령이 내세우기 시작한 '작고 강한 정부'론은 이제는 신자유주의를 추진하는 모든 국가가 이상적인 모델로 상정하는 정부 형태다. 우리나라에도 신자유주의가 전격적으로 도입되면서 역대 정부들은 예외 없이 '작고 강한 정부'를 주장해왔다.

항상 '국가'라는 기구에 불만이 많았던 국민들의 입장에서는 정부를 줄이고 효율화해서 세금도 적게 내고 게으른 공무원들에게도 경각심을 일깨워준다는 말에 (작고 강한 정부론에) 어설픈 지지를 보내고 있는 것이 현실이다. 그렇다면 과연 '작고 강한 정부'의 본질은 어떤 것일까? 우선 '작은 정부'란 무엇인지 알아보자.

작은 정부는 그동안 정부가 관리하던 국영기업들을 하나씩 민영화하는 정부다. 교육, 의료, 전기, 통신, 철도, 수도 등이 바로 이명박 정부가 '작은 정부'를 내세우며 민영화하려는 것들이다. 국가 의료보험을 축소하고 민간 보험을 대폭 도입해서 의료 부분을 자본의 돈벌이 수단으로 내주는 것이 의료 민영화다. 대학 입시를 자율화하고 자립형 사립고를 도입하는 등, 학생들을 입시 교육의 무한 경쟁으로 내몰고 교육 분야를 사학들의 돈놀이 판으로 던져 넣는 것이 교육 민영화다. 전기, 통신, 철도, 수도 등을 민영화하는 것은 공공서비스로 제공되던 전기, 통신, 철도, 수도 등을 자본의 이윤 추구 대상으로 내줌으로써 대책 없는 요금 인상 때문에 가난한 사람들이 이러한 서비스에 접근하기 힘든 결과를 가져온다. 이렇듯 정부의 공공 기능을 자본에 돈벌이 수단으로 내주는 것이 이른바 '민영화'다.

작은 정부는 민영화에만 그치는 것이 아니다. 주문처럼 외우는 것 하나가 '세금을 깎아주겠다'는 말이다. 얼핏 들으면 좋아 보이지만 실상은 그렇지 않다. 지금 이명박 정부가 깎으려는 세금은 부동산 투기를 통해 엄청난 부를 축적한 사람들이 내기 싫다고 아우성치는 '종부세'다. 그리고 돈 많이 '버시는' 기업인들에게서 걷는 '법인세'를 깎겠다고 한다. 이렇게 부자들에게서 걷는 세금을 대폭 깎아주고 나면 국가의 세금 수입은 당연히 적어지게 마련이다. 그러면 당연히 세금 지출을 줄여야 하는데 바로 가난한 서민들에게 혜택이 돌아갈 '복지'를 축소하는 것으로 귀결되게 마련이다. 이것이 작은 정부가 내세우는 '절세'의 본질이다.

이명박 정부가 추진하는 '작은 정부'는 이 밖에도 환경이나 인권 보호를 위해 도입한 다양한 제도들을 이른바 '규제 완화'라는 이유를 들어 한꺼번에 없애버릴 계획을 가지고 있다. 온 국토를 자본가들의 돈벌이 판으로 내주는 것이 바로 '작은 정부'가 추진하고 있는 계획들이다.

그렇다면 '강한 정부'란 무엇일까?

앞에서 언급한 대로 '작은 정부'를 추진해서 민영화하고 세금 깎고 규제를 풀면 인구의 대부분을 차지하는 가난한 서민들의 삶은 그야말로 파탄지경에 빠질 수밖에 없다. 돈이 없으면 교육도 의료도 전기도 통신도 철도도 물도 얻을 수 없는 사회가 되고, 부자들의 세금을 깎은 대가로 복지제도가 축소되어 그나마 있는 최소한의 생명유지 장치마저도 없어져버린다.

삶이 파탄지경에 이른 민중들은 결국 집회와 시위 등 거리로 나올 수밖에 없는 상황이 된다. 바로 이때 '강한 정부'가 필요하다. 못 살겠다고 거리로 나오는 민중들에게 '준법'이니 '엄격한 법집행'이니 들이대면서 곤봉과 방패로 사정없이 '법집행'을 하는 것이 '강한 정부'다. 그러지 않으면 자신들의 지배가 계속 유지될 수 없기 때문에. 그래서 이명박 정부는 '백골단'을 부활시키려는 것이다.

신자유주의와 함께 전 세계에 유행하고 있는 '작고 강한 정부'는 사실은 자본에게 한없이 '작고' 노동자 민중에게는 한없이 '강한' 정부다. 이것은 전 세계적으로 신자유주의를 앞세운 자본의 지배가 만들어낸 지배 '매뉴얼'이다. 이명박 정부는 한 치의 오차도 없이 이러한 모델케이스로 나아가고 있다.

〈왜 이명박 정부는 '준법'을 강조하는가?—이명박 '작고 강한 정부'의 본질〉,

《참세상》(2008. 3. 19.)

이명박 정부뿐만 아니라, 상대적으로 개혁적이라고 평가받는 노무현 정부도 크게 다르지 않았습니다. 노무현 대통령은 대선 후보 시절에 자신의 공약이라며 비정규직의 눈물을 닦아주겠다고 얼마나 얘기했습니까. 그런데 대통령이 되자 오히려 비정규직 고용을 확대하는 법을 만들었죠. 미국이 이라크를 침략하는 데 동참해 파병을 하고, 한미FTA를 추진했습니다. 심지어 집회 도중 전경에게 맞아 죽은 농민이 두 명이나 있었습니다. 비단 이명박, 노무현 정부만이 아니라 박근혜 정부를 포함해 역대 모든 정부는 국민에게 큰 실망을 줬습니다. 대다수 국민은 "정치하는 놈들은 다 똑같아! 다 썩었어!"라고 말합니다. 도대체 뭐가 문제일까요?

국가는 폭력을 독점한다

학생… 맞아요. 정부는 돈 없는 서민들에게만 강한 것 같아요.

강사… '강한 정부' 얘기가 나왔으니, 국가의 중요한 특징 한 가지를 얘기해야겠네요. 지배계급과 피지배계급으로 나누어진 계급사회에서 국가의 중요한 특징 하나는 폭력을 독점적이고 합법적으로 사용할 수 있다는 점입니다. 군대나 경찰이 바로 그런 국가의 조직이죠.

두 차례의 세계대전이 각 나라 노동자 민중의 이익을 위해서 치러졌다고 생각하는 사람은 아무도 없습니다. 각국이 자본가들의 이익을 위해 식민지 쟁탈전을 벌이다가 서로 치고받은 게 세계대전인데, 군대에 끌려가 피를 흘리는 사람은 자본가가 아니라 대다수 노동자 민중입니다. 만약 국민이 집에 각자 총기를 보유하고 있는데 정부가 부당한 전쟁에 국민을 내몰려고 한다면, 전쟁에 끌려가 피를 흘리고 싶지 않은 사람들이 무기를 들고 정부에 맞서서 폭력으로 저항하겠죠. 이러한 상황을 지배계급들이 받아들일 수 있을까요? 절대 그러지 못합니다.

이런 이유로 지배계급의 입장에서는 국가기구가 독점적이고 합법적으로 폭력을 행사할 수 있다는 점이 매우 중요합니다. 국가기구인 법원에서 정치범으로 잡아넣는 사람들 대부분이 진보 쪽 사람들입니다. 보수 인사가 정치범으로 잡히는 경우는 눈을 씻고 봐도 찾아볼 수가 없죠. 자본주의를 지키려는 사람을 정치범으로 잡아넣지는 않습니다.

자본주의 시대 이전에 존재했던 국가도 역시 당대 지배계급의 이익을 관철하는 기구였습니다. 예컨대 노예제 사회에서는 노예주인이 노예를 부릴 권리를 국가가 법으로 보장했죠. 쿠바의 혁명 지도자 피델 카스트로Fidel Castro, 1926~는 언론과의 인터뷰에서 "최고의 민주주의는 인민에게 총을 주는 것이다"라고 말했습니다. 지배계급과 피지배계급으로 나뉜 비민주적인 사회에서는 정부가 국민에게 총을 줄 수 없다는 얘기입니다. 만약 자본주의 계급사회에서 국민에게 스스로 무장하는 것을 허락한다면 어떤 일이 벌어질 까요? 사회불안이 극에 달하지 않을까요?

학생… 국가가 폭력을 독점적, 합법적으로 행사할 수 있다는 점은 매우 중요하군요. 폭력은 국가의 의지를 관철할 수 있는 강력한 수단이네요. 법을 지키지 않는 사람을 구속할 수 있으니까요.

노예제 사회에서는 노예를 부리는 것이 합법이라고 하셨는데 요, 그 맥락에서 보면 자본주의 사회의 법도 보편적 진리라기보다 는 자본주의 사회의 권력 구조를 보여주는 것 같습니다. 그런데 법을 공부하는 친구들 얘기를 들어보면, 법을 마치 시대와 역사를 초월한 진리인 것처럼 여기는 경향이 있어요.

강사… 법은 시대의 산물일 수밖에 없죠. 토지를 개인이 소유하는 자본주의 사회에는 토지 소유권에 관한 법률이 생깁니다. 반면 토 지가 사회 공동의 재산인 사회에서는 개인의 토지 소유를 보호하 는 법률 자체가 없겠죠. 조선 시대의 법이 양반과 상놈을 구분하 고 양반의 특권을 보호해줬다면, 자본주의 대한민국의 법률은 개 인의 재산권 보호에 매우 전문화되어 있습니다. 대한민국에서는 양반과 상놈을 구분하는 것이 당연히 잘못됐다고 여기지만, 조선 시대에는 양반과 상놈을 구분하는 것이 법이자 상식이었습니다.

마찬가지로 미래의 후손들은 지금과는 다른 체제에서 살며 자본주의 대한민국의 법률을 몰상식하다고 얘기할지도 모릅니다.

법 제도와 교육을 통한 지배

학생… 국가관은 정규교육으로 형성되는 것 같아요. 학교에서는 국가와 법이 불편부당하고 공정하다고 가르쳐요. 그런데 생각해 보면 교육제도를 통제하는 것도 국가예요. 우리는 교육을 받아 국가 이미지를 형성하는데, 그 교육을 국가가 맡고 있으니…, 뭔가 속은 느낌인데요?

강사… 그래서 정규 교육과정에서 《자본론》 내용을 제대로 다루지 않죠. 자본주의 시장경제 체제를 우호적으로 다룬 내용 일색으로 가르치는데요, 학교를 떠나 사회에서 경험하는 자본주의의 현실은 교과서와는 사뭇 다르죠. 엄청난 빈부 격차, 돌이킬 수 없는 환경 파괴, 노동자 착취, 망해가는 농민…. 그런데도 학교에서는 이런 심각한 문제들을 진지하게 다루지 않습니다. 자본가 단체인 전국경제인연합회(전경련)는 시장경제 교육을 강화한다며 고등학교와 대학교에 강사를 파견하는데요, 정부는 전경련의 이런 행위를 방조하거나 심지어 독려합니다. 만약 노동단체가 비슷한 사업을 했다면 정부의 대응은 어땠을까요?

학생… 자본주의 사회에서 국가는 중립적이라기보다는 자본가계급의 지배 체제를 강화하는 역할을 한다는 느낌이 드네요.

강사… 솔직히 국회의원들의 인적 구성을 보면 국가가 이런 식으로 운영되는 것이 당연하다는 생각이 들지 않나요? 거의 모든 국회의원이 이른바 기득권층이거나 기득권층을 대변하는 사람이니까요. 노동자가 자본가보다 인구 구성비에서 압도적으로 많지만, 국회의원 가운데 노동자나 노동자와 친한 사람을 찾기는 어렵습니다. 국회가 국민 대다수를 대변하지 않고 국민 가운데 극히 일부인 기득권층만 대변하고 있어요. 국회의원 절반 정도가 비정규직 노동자라면 비정규직을 더 확대하는 악법이 통과될 수 있을까요? 오히려 비정규직을 부당하게 사용하지 못하도록 제한하는 법이 통과되겠죠.

국민도 달라져야 합니다. 선거 때 자신을 대변하는 사람을 지지하지 않고는 나중에 후회하잖아요. 노동자가 자본가를 대변하는 사람한테 투표하고 있으니…. 많은 사람이 북유럽 국가의 복지를 부러워하면서도, 북유럽이 어떻게 그런 사회를 만들 수 있게 됐는지에는 관심이 없습니다. 북유럽에서는 노동당, 사회당, 사회민주당 같은 진보정당이 집권을 해서 법과 제도를 바꿔 복지사회를 만들었습니다. 반면 우리나라에서는 진보정당에 소위 '빨갱이', '종북'이라는 딱지를 붙이고, 보수 언론의 왜곡되고 악의적인 선동에 여론이 덩달아 춤을 춥니다.

학생… 사실 저는 지금까지 투표일에 투표는 안 하고 친구들과 놀러가기만 했는데요. 교수님 말씀을 듣고 보니 그런 제 행동이 부끄럽고 후회됩니다. 다음에는 꼭 투표하고 나서 놀아야겠어요.

강사… 꼭 투표하면 좋겠습니다. 우리 사회가 좀 더 나은 사회로 진보하려면 정치를 바꿔야 합니다. 국가를 지배계급의 도구에서 민주주의의 도구로 전환할 수 있는 중요한 기회가 바로 선거입니다. 특히 젊은 친구들이 정치에 관심을 가져야 합니다. 의식이 변하고 생각이 깨어야 합니다. 제가 강의를 하고 글을 쓰는 이유도 여기에 있습니다.

생각해보기

· 작고 강한 정부의 진정한 의미를 생각해봅시다.

· 왜 국가가 폭력을 독점할까요?

· 법과 교육이 왜 자본주의 사회를 지탱하는 도구일까요?

책을 맺으며

카를 마르크스는 1818년 5월 5일 독일의 트리어에서 태어났다. 1835년 10월에 본 대학교에 입학했다. 마르크스의 아버지는 아들이 자신처럼 법학을 공부해 변호사가 되기를 원했지만, 마르크스는 아버지의 뜻과는 달리 문학과 철학에 심취했다. 뜨거운 열정을 가진 마르크스는 치열하게 논쟁하고, 권하는 술 마다하지 않았으며, 말이 통하지 않으면 주먹을 휘두르기도 했다. 아들의 장래를 걱정한 아버지는 환경을 바꿔보자는 생각으로 마르크스를 베를린 대학교로 전학시켰지만, 그곳에서도 마르크스는 법학이 아닌 철학에 몰두했다. 특히 베를린 대학교는 헤겔과 그 제자들의 영향력이 컸기 때문에 마르크스는 자연스럽게 헤겔철학에 심취했으며 학생운동에도 적극 가담했다. (이후 포이어바흐의 영향을 받아 헤겔철학의 관념론적 성격을 극복하고 자신만의 변증법적 유물론 철학을 정립하게 된다.) 1838년 5월 10일 아버지가 세상을 떠난 후 마르크스는 철학 공부에 매진해서 1841년 예나 대학교에서 〈데모크리토스와 에피쿠로스 자연철학의 차이점Differenz der demokritischen und epikureischen Naturphilosophie〉이라는 논문으로 철학박사 학위를 받는다.

마르크스는 졸업 후 《라인신문Rheinische Zeitung》의 편집장으로 일하며 언론인으로서 사회 비판적인 글을 쓴다. 정부의 탄압으로 《라인신문》이 폐간되자 마르크스는 프랑스로 간다. 그곳에서 사회주의자들과 교류하며 평생의 동지 프리드리히 엥겔스Friedrich Engels, 1820~1895를 만난다. 비밀결사인 의인동맹에 가입해서 활동했으나 프랑스 정부에 의해 추방당해 벨기에 브뤼셀로 이주한다. 1848년에는 의인동맹이 공산주의자동맹으로 전환되면서 창당대회를 준비하는 과정에서 그 유명한 《공산당 선언Manifest der Kommunistischen Partei》을 집필한다. 1848년 2월과 3월에 걸쳐 프랑스와 프로이센에서 혁명이 일어나지만 곧 진압되고 위험인물로 찍힌 마르크스는 영국 런던으로 망명한다. 영국에서는 주로 저술 활동에 집중하면서 1867년 인류사에 길이 남을 기념비적 역작 《자본론》 1권을 출간한다. 그러나 마르크스는 끝내 《자본론》을 완성하지 못하고 1883년 3월 14일에 사망한다. 엥겔스는 마르크스가 남긴 원고를 최대한 존중하면서 편집해 《자본론》 2권과 3권을 출간한다.

약 150년 전 독일의 한 사상가가 글로 담아낸 자본주의 사회 분석에 21세기 대한민국에서 살고 있는 사람들은 전율한다. 나 역시 대학 시절 마르크스 《자본론》을 읽고 며칠간 정신이 멍했을 만큼 충격을 받았다. 이 책을 쓴 이유는 그때 받았던 충격과 전율을 좀 더 많은 사람이 느끼기 바라는 마음에서다.

최근 우리 사회는 빈부 격차가 날이 갈수록 심각해지고 비정규직과 청년 실업 등으로 고통받는 사람이 부지기수로 늘고 있다. 깨어난 사람만이 노예의 사슬을 끊을 수 있다. 깨어난 사람의 수가 늘어나면 다수의 힘으로 사회구조를 바꿀 수 있다. 이 책을 읽고 공감한다면 더도 말고 주변의 지인 딱 두 사람에게 읽기를 권해주기 바란다.

마르크스가 인류에게 남긴 사상적 유산은 크게 두 가지다. 하나는 자본주의 경제체제를 분석한 《자본론》이며, 다른 하나는 변증법적 유물론의 관점에서 역사 발전 법칙을 꿰뚫어본 역사유물론이다. 《자본론》과 역사유물론, 이 둘을 모두 이해했을 때에야 비로소 마르크스 사상의 정수를 제대로 맛볼 수 있다. 필자의 다른 책 《원숭이도 이해하는 마르크스 철학》은 역사유물론을 쉽게 이해할 수 있도록 풀어 쓴 책이다. 마르크스 사상에 관심이 있다면 일독을 권한다.

마르크스는 《포이어바흐에 관한 테제*Thesen uber Feuerbach*》에서 이렇게 말했다. "지금까지 철학자들은 다양한 방식으로 세계를 해석했을 뿐이다. 그러나 중요한 것은 세계를 변화시키는 것이다." 참된 지식은 실천으로 귀결되어야 한다.

사회 구성원 대다수에게 절망감과 분노와 슬픔과 비애를 느끼게 하는 사회는 지속 불가능하다. 자본주의 국가의 우두머리 격인 미국에서조차 사회주의자임을 자처하는 버니 샌더스 같은 정치인이 유력한 대통령 후보로 부각될 정도로 세계 곳곳에서 변화를 요구하는 목소리가 크다.

필자는 작고한 베네수엘라의 우고 차베스Hugo Chavez, 1954~2013 대통령을 존경한다. 제국주의 미국에 맞서 '21세기 사회주의'의 기치를 내걸고 소수 자본가가 아니라 다수 민중이 주인 되는 사회를 만들기 위해 자신의 모든 것을 바친 그의 삶에 감동해 《차베스, 미국과 맞짱뜨다》라는 책도 썼다. 물론 사회 진보는 일직선으로 진행되지는 않는다. 차베스 사후 베네수엘라와 중남미는 미국 제국주의와 자국 내 기득권층의 반격 탓에 어려움을 겪고 있다. 하지만 긴 호흡으로 보면, 인류 사회는 전진과 후진을 거듭하는 가운데 꾸준히 진보해온 것이 분명하다.

자신이 뿌린 씨앗의 열매를 꼭 자신이 거둘 필요는 없다. 후대가 그 열매를 거둘 수 있다면, 그것만으로도 씨를 뿌릴 충분한 이유가 되지 않겠는가. 필자는 이런 마음으로 책 쓰고 강의하며 살고 있다. 베네수엘라 우고 차베스 대통령의 유명한 말을 소개하는 것으로 책을 맺는다.

"가난을 끝장내는 유일한 방법은 빈민들에게 권력을 주는 것입니다."

찾아보기